Svenja Paetzholdt

Potsdam in 3 Tagen

Die besten Touren zum Entdecken der Stadt

Jaron Verlag

Für die freundliche Unterstützung danken wir der Stiftung Preußische Schlösser und Gärten Berlin-Brandenburg (SPSG)

Fotos auf den S. 13, 25, 32, 33 o., 57 o., 60 o., 74 u., 75, 79 o., 109 u., 110, 116, 133, 135: Wikimedia Commons
Alle weiteren Fotos: Svenja Paetzholdt

Abbildungen
S. 9: Nauener Tor
S. 51: Schloss Sanssouci
S. 91: Blick von der Heilandskirche auf die Havel
S. 137: Jägertor

Originalausgabe
1. Auflage 2021

www.jaron-verlag.de
Umschlaggestaltung: Bauer+Möhring, Berlin, unter Verwendung eines Fotos von Svenja Paetzholdt (Schloss Sanssouci)
Satz und Layout: Prill Partners | producing, Barcelona
Lithografie: Bild1 Druck GmbH, Berlin
Karten: Matthias Frach, Lutherstadt Wittenberg
Druck und Bindung: Westermann Druck Zwickau GmbH, Zwickau

ISBN 978-3-89773-439-5

Inhalt

Einleitung

„Daß gantze Eylandt mus ein paradis werden", so schrieb Johann Moritz von Nassau-Siegen seinem Freund, dem Kurfürsten Friedrich Wilhelm, der sich Potsdam neben Berlin zu seiner zweiten Residenzstadt auserkoren hatte. Seine Worte sollten sich in beeindruckender Weise erfüllen. Potsdam entwickelte sich in den letzten 350 Jahren von einem verschlafenen brandenburgischen Städtchen zu einer imposanten und attraktiven Metropole. Johann Moritz von Nassau-Siegen war der erste einer ganzen Reihe von Gartenbaumeistern, die Potsdam maßgeblich mitgeprägt haben. Der Große Kurfürst befahl den Bau des Stadtschlosses sowie den Ausbau der Stadt und leitete so den Aufstieg Potsdams ein. Das Gesamtkunstwerk Potsdam mit der historischen Innenstadt und den berühmten Schlössern und Gärten wurde von der UNESCO zu großen Teilen zum Welterbe erklärt.

„Potsdam in 3 Tagen" präsentiert Potsdam-Besuchern die schönsten und spannendsten Seiten der Metropole kurz und kompakt zusammengefasst. So ergibt sich eine umfassende und vielseitige Führung quer durch die ganze Stadt. Sechs große Spaziergänge machen es möglich, Potsdam an drei Tagen in seiner Gänze zu entdecken. Das historische und moderne urbane Potsdam wird dabei ebenso durchwandert wie die unvergleichliche Schlösserlandschaft von Sanssouci über Glienicke und Babelsberg bis Sacrow. Den dritten Schwerpunkt des kompakten Reiseführers bildet die Natur der grünen Residenzstadt. Ausgedehnte Naturschutzgebiete und die Seen, die die Insel Potsdam umgeben, runden das Angebot dieses Stadtführers ab. Jeder Besucher kann sich die detaillierten Touren ganz nach individuellem Gusto zusammenstellen und die Abfolgen der Routen nach Wunsch ändern. Entspricht eine Sehenswürdigkeit nicht dem persönlichen Geschmack, ist es jederzeit möglich, Teile der Strecke zu kürzen. Im Text sind häufig noch weitere spannende Stationen vermerkt, die bei Interesse zusätzlich besichtigt werden können. Der reizvolle Stadtteil Bornstedt, die Schiffbauergasse als kulturelles Herz Potsdams und eine Fahrradtour auf den Spuren von Theodor Fontane ergänzen das Angebot. Zudem wird dem jüdischen Leben in Potsdam ein Kapitel gewidmet, und auch Filmfans und Naturliebhaber finden hier Ideen für weitere Ausflüge. Damit die Erreichbarkeit der Touren gewährleistet ist, werden am Anfang und Ende jedes Ausflugs Informationen zu den öffentlichen Verkehrsmitteln gegeben.

Potsdam ist eine Stadt, die sich dem Spaziergänger auf schönste Art und Weise erschließt. Besonders die zahlreichen Park- und Gartenanlagen mit ihren architektonischen Juwelen lassen sich am besten würdigen, wenn man gemütlich hindurchschlendert. Fußläufig zeigen sich auch das his-

Schloss Cecilienhof: Hier fand 1945 die Potsdamer Konferenz statt

torische Zentrum und die barocke Altstadt von ihrer schönsten Seite. Die Hauptstadt Brandenburgs muss sich schon lange nicht mehr hinter ihrer großen Schwester Berlin verstecken. Die schmucke Inselstadt wird von der kurvenreichen Havel, mehreren Seen und Kanälen umschlossen und bietet so ringsumher malerische Ausblicke aufs Wasser. Im Gegensatz zu Berlin, das für jede schöne Ecke mindestens auch einen Schandfleck vorzuweisen hat, ist Potsdam eine Stadt für Ästheten. Die preußische Architektur, die attraktiven Schaufassaden, die an vielen Bauten ersichtlichen italienischen Einflüsse und die vollendeten Gärten sind zu großen Teilen das gemeinsame Werk der verschiedenen Hohenzollernherrscher und ihrer Gartenkünstler.

„Nach Potsdam, nach Potsdam! Das brauche ich, um glücklich zu sein. Wenn Sie diese Stadt sehen, wird sie Ihnen sicherlich gefallen. Zu meines Vaters Zeiten war es ein elendes Nest; wenn er jetzt wiederkäme, würde er seine Stadt nicht wiedererkennen, so habe ich sie verschönert. Ich habe die Pläne der schönsten Bauwerke Europas, insbesondere Italiens, ausgewählt und lasse sie im Kleinen und meinen Mitteln entsprechend ausführen. Alle meine Bauwerke gefallen den Leuten, davon werden Sie sich überzeugen können. Ich gestehe, dass ich gerne baue." So berichtete es Friedrich der Große. Der berühmteste aller Preußenkönige prägte die Stadt in besonderem Maße, indem er einen Großteil Potsdams mit architektonischen Schmuckstücken in eine Vorzeigestadt verwandelte. So sind der Umbau des historischen Alten Markts in eine italienische Plaza und das beeindruckendste Hohenzollern-Ensemble Sanssouci zu großen Teilen sein Werk. Damit trat er in die Fußstapfen seines berühmten Vorfahren, des Großen Kurfürsten, der neben dem Stadtschloss auch einen Kranz an pittoresken Lustschlössern rund um Potsdam anlegte und mit dem Holländischen Viertel eine der Hauptattraktionen Potsdams errichten ließ.

Friedrich II. suchte sich für die Ausgestaltung die bedeutendsten Architekten und Künstler seiner Zeit. Baumeister Georg Wenzeslaus von Knobelsdorff, Bildhauer Christian Glume und Maler wie Antoine Pesne begründeten mit dem exzentrischen König eine ganz eigene Kunstform, das friderizianische Rokoko. Schloss Sanssouci wurde zu einem beliebten Treffpunkt für Philosophen und Gelehrte. Zahlreiche Legenden rund um das Schloss und seine Gäste kursieren bis heute und halten den Mythos lebendig. Der Nachfolger Friedrichs II., Friedrich Wilhelm II., fügte der Parklandschaft den Neuen Garten hinzu. Gemeinsam mit dem Gartenbauer Peter Joseph Lenné hat er somit einen großen Anteil am Gesamtkunstwerk Potsdam. Sein Sohn Friedrich Wilhelm III. zog sich jedoch aus der Residenzstadt zurück und hielt sich lieber in seinem Lustschloss auf der Berliner Pfaueninsel auf. Dafür sorgten wiederum dessen Söhne für die architektonische Vollendung Potsdams. Friedrich Wilhelm IV. bereicherte die Landschaft durch seine romantischen, italianisierten Bauten und die architektonischen Schmuckstücke unter anderem von Karl Friedrich Schinkel. Er sorgte mit der Hilfe von Peter Joseph

Lenné dafür, dass die Potsdamer Landschaft zu einem mit wohldurchdachten und perfekt ausgeführten Sichtachsen verbundenen Kunstwerk wurde. Zudem entstand unter Friedrich Wilhelm IV. die Nikolaikirche, die mit den bestehenden Gotteshäusern Garnison- und Heilig-Geist-Kirche Potsdams berühmten „Dreikirchenblick" prägte. Sein Bruder Carl schuf in Glienicke das beeindruckende Ensemble aus Casino, Schloss und Park. Wilhelm, der spätere Kaiser Wilhelm I., komplettierte den Reigen der Schlösser mit dem neugotischen Babelsberg.

Das Erbe dieser Adelsdynastie ist in Potsdam in weiten Teilen unverändert zu erleben und fasziniert die Besucher noch heute in unnachahmlicher Weise. Seit knapp 30 Jahren gehören die Parkanlagen Sanssouci, Neuer Garten, Babelsberg, Glienicke und die Pfaueninsel mit ihren Schlössern sowie Schloss und Park Sacrow mit der Heilandskirche genau aus diesem Grund zum Weltkulturerbe. Knapp zehn Jahre später wurden zusätzlich Schloss und Park Lindstedt, die russische Kolonie Alexandrowka, das Belvedere auf dem Pfingstberg, der Kaiserbahnhof und die Sternwarte am Babelsberger Park mit aufgenommen. 150 Gebäude und über 500 Hektar Gartenanlagen bilden die Berlin-Potsdamer Kulturlandschaft und damit die größte der deutschen Welterbestätten.

Potsdam sollte jedoch nicht ausschließlich auf seine historischen Gebäude, seine Schlösser und seine Parkanlagen reduziert werden. Das moderne Potsdam hat ebenfalls sehr viel zu bieten, auch wenn es sich kaum von seinen historischen Wurzeln trennen lässt. Diese Symbiose wird jedoch vorbildlich gelebt. Auf den Spaziergängen durch Potsdam fällt auf, wie häufig die historischen Gebäude einen modernen Zweck erfüllen und wie charmant dieser gegenseitige Nutzen betrieben wird. So residiert beispielsweise die Potsdamer Universität in einem Teil des Neuen Palais im Park Sanssouci. Der ehemalige Marstall in der historischen Innenstadt beherbergt das Filmmuseum, und in der Schiffbauergasse, in der im 19. Jahrhundert Dampfschiffe vom Stapel gelassen wurden, befinden sich heute ein lebendiger Kreativ- und Kulturstandort sowie Büroräume moderner IT-Unternehmen. Den Bewohnern der Stadt sind die historischen Reminiszenzen so vertraut, dass den markanten Gebäuden ohne falsche Scheu, aber dennoch mit dem nötigen Respekt begegnet wird. So fehlt in Potsdam jeglicher Anklang einer verstaubten Museumsatmosphäre. Die Historie hat sich mit der Moderne in beispielloser Weise verknüpft und bildet ein fruchtbares und variables Nebeneinander.

Einen großen Anteil daran haben natürlich die Potsdamer selbst. Jahrelang aufgeschobene und heiß diskutierte Bauprojekte wie der Wiederaufbau des Stadtschlosses, der Garnisonkirche, des Hans Otto Theaters oder der Synagoge sind kein Zeugnis des Wankelmuts der Bewohner, sondern zeigen vielmehr die Lust und den Mut, sich aktiv in die Gestaltung der Stadt einzubringen, die ihnen nicht nur Wohnort, sondern Identifikationsstätte ist. Dabei sind auch die Bewohner Potsdams vielfältig und bunt. Pensionäre und Familien schätzen die ruhigen Wohnviertel und das Grün der Stadt, Studenten und Filmfans lieben das pulsierende Leben und das europäische Flair. So geschichtsträchtig die Stadt auch ist, sie hat dennoch ihren Weg in die Moderne gefunden. Das Medien- und Hightech-Zentrum im Stadtteil Babelsberg zeugt auf besondere Weise davon. Im traditionsreichen Filmstudio Babelsberg geben sich die Stars der Filmindustrie die Klinke in die Hand. Hier werden seit über 100 Jahren preisgekrönte nationale und internationale Kinofilme und Serien produziert. Die benachbarte Filmuniversität bildet die Filmschaffenden der Zukunft aus, und mit einem Standort des Rundfunks Berlin-Brandenburg ist auch das tagesaktuelle Fernsehen in Babelsberg vertreten. Das bewegte Bild und Potsdam gehören zusammen, das bezeugen die vielen Produktionen, in denen Potsdam selbst zum Filmschauplatz wurde. Das hat auch mit dem „Edikt von Potsdam" zu tun, mit dem der Große Kurfürst die Mark Brandenburg zunächst für die Hugenotten und später auch für Einwanderer aus anderen Teilen Europas öffnete. Es entstanden das Holländische Viertel, die russische Kolonie Alexandrowka, das böhmische Weberviertel und weitere landesspezifische Gebiete mitten in der brandenburgischen Hauptstadt. Zusammen mit den historischen Gebäuden im italienischen Stil bieten sich Regisseuren und Schauspielern weltstädtisches Flair und zahlreiche Möglichkeiten für authentische Kulissen. Eines der berühmtesten historischen Bauwerke der neueren deutschen Geschichte ist die Glienicker Brücke, der mit dem Film „Bridge of Spies – Der Unterhändler" ebenfalls ein Hollywood-Denkmal gesetzt wurde.

Spätestens mit der Konferenz von Potsdam im Schloss Cecilienhof wurde die Stadt weltweit bekannt. Hier tagten 1945 die Staatschefs der Alliierten und stellten mit dem Potsdamer Abkommen die politischen Weichen für die deutsche und europäische Nachkriegsentwicklung. Die deutsche Teilung hinterließ natürlich auch Spuren in der Stadt im Grenzgebiet. Ob an der Heilandskirche am Port von Sacrow, in Glienicke oder Babelsberg – auch die jüngere Vergangenheit ist in der Brandenburg-Metropole überall spürbar. Seit den 1990er-Jahren läuft der letzte große Entwicklungsschub für Potsdam. Das alte Stadtschloss wurde wiederaufgebaut. Viele weitere Gebäude am Alten Markt wurden restauriert und mit den modernen Bauten in Einklang gebracht. Damit wurde die schmerzhafte Lücke im Herzen von Potsdam, die die Bombardierung der Potsdamer Innenstadt am 14. April 1945 gerissen hatte, endgültig geschlossen. Die Bundesgartenschau von 2001 sorgte schließlich dafür, dass auch die letzten der berühmten preußischen Gartenanlagen rekonstruiert wurden.

Ein Besuch dieser bunten, geschichtsträchtigen, ästhetischen, herausgeputzten, aber auch chaotischen, jungen und bewegten Stadt könnte zu keinem besseren Zeitpunkt stattfinden. Mit diesem Buch sind Sie nun herzlich dazu eingeladen, Potsdam zu erkunden, zu entdecken und lieben zu lernen.

1. Tag:

Das urbane Potsdam

Vormittag

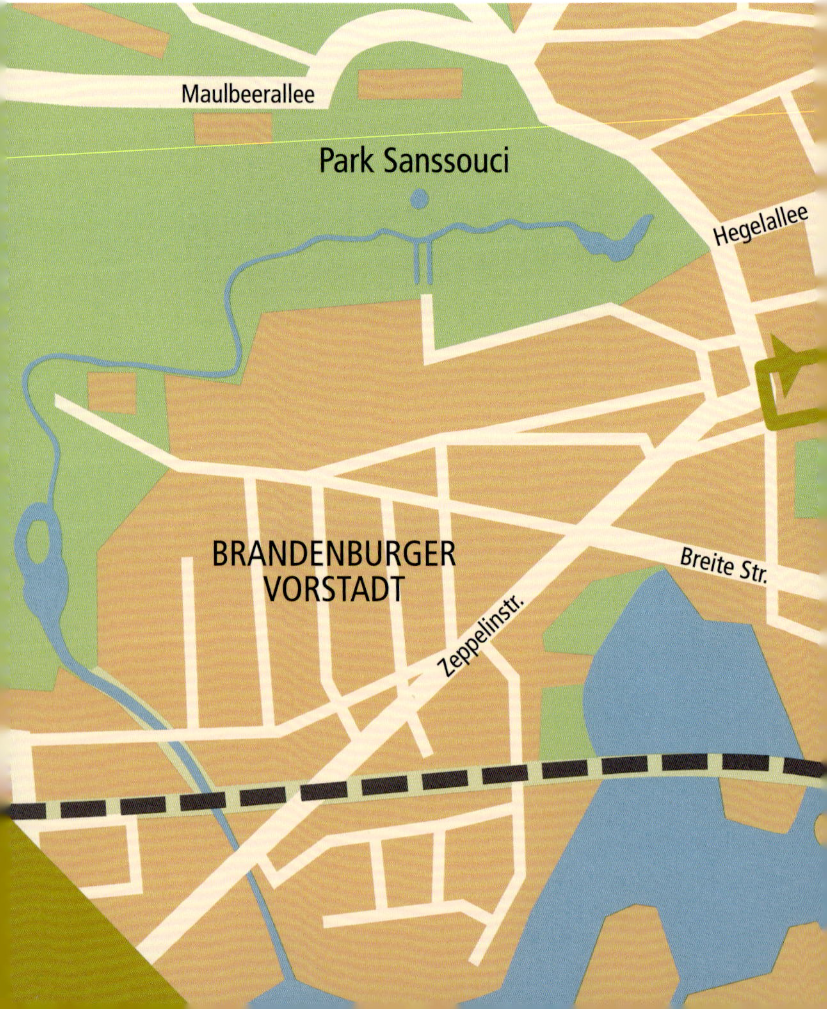

Maulbeerallee
Park Sanssouci
Hegelallee
BRANDENBURGER
VORSTADT
Breite Str.
Zeppelinstr.

Wo Potsdam entstand: Die historische Mitte

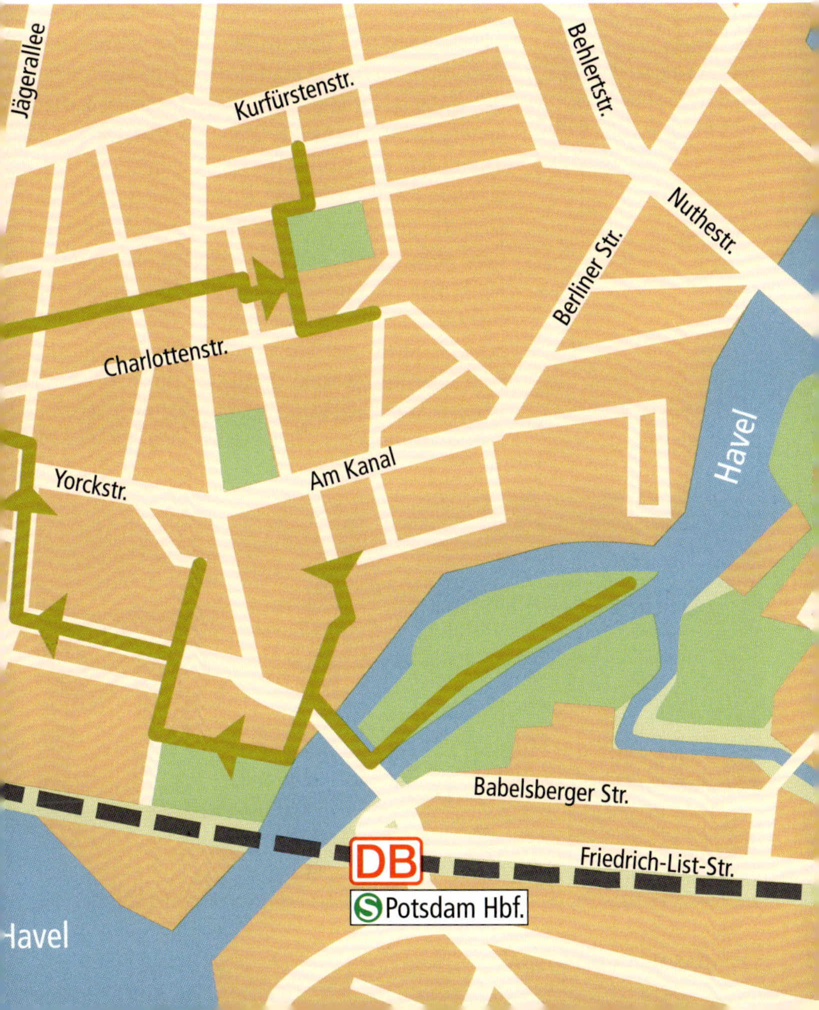

Wer Potsdam in seiner gesamten Schönheit entdecken will, der beginnt am besten direkt am Ursprung der Stadt. Der Alte Markt ist die historische Wiege Potsdams. Zugleich fungiert er mit dem Brandenburger Landtag im wiederaufgebauten Stadtschloss, dem Museum Barberini und der Nikolaikirche als politischer, kultureller und historischer Hotspot. Mit einem Spaziergang über die Freundschaftsinsel werden auch die Potsdamer Stadtnatur und die berühmte Gartenbaukunst erlebbar. Das Holländische Viertel sorgt mit kleinen Läden, Cafés und Restaurants für einen harmonischen Abschluss der Tour.

Alter Markt

Anreise
Haltestelle „Potsdam, Alter Markt / Landtag"
Tram 91, 92, 93, 96, 98, 99 oder Bus 604, 605, 609, 614, 631, 638, 650, 695

Der Spaziergang führt vom modernen Hauptbahnhof über die verkehrsreiche Lange Brücke in wenigen Minuten zum historischen Ursprung Potsdams, dem Alten Markt. So startet die Entdeckung einer der schönsten Städte Europas mit einem beherzten Sprung in die Geschichte. Schon im Mittelalter wurde hier eine Brücke über die Havel gebaut und diese wichtige Handelsroute mit einer Festung geschützt. Friedrich der Große sorgte mit seinen Architekten dann Mitte des 18. Jahrhunderts dafür, dass der Alte Markt das Herzstück Potsdams wurde. Er war einzigartig in seiner gleichzeitigen Funktion als Markt-, Schloss-, Kirch- und Rathausplatz. Seitdem hat der Platz eine wechselvolle Geschichte durchlaufen. Im Zweiten Weltkrieg wurde er fast gänzlich zerstört. Erst seit Anfang der 2000er-Jahre wird der Versuch

Gartenfassade des Stadtschlosses

unternommen, dem Platz seine historische Form wiederzugeben und damit ein wichtiges Stück Potsdamer Geschichte zu rekonstruieren.

Betritt man heute den Alten Markt, wirkt er wieder so aufgeräumt und imposant, wie er es wohl zu Zeiten Friedrichs des Großen war. Das neu aufgebaute Stadtschloss mit dem goldgekrönten Fortunaportal strahlt in der Morgensonne, Nikolaikirche, Barberini-Museum, Altes Rathaus und Knobelsdorffhaus lassen Geschichte lebendig werden. Dem Auge bieten sich so viele Eindrücke, dass es mitunter gar nicht weiß, welchem es sich zuerst widmen soll. Überall locken imposante Gebäude, Statuen, Maskarone und goldverzierte Details. Dazwischen Touristen, Radler und geschäftige Potsdamer, die die geschichtsträchtigen Gebäude als ihren ganz normalen Lebensraum wahrzunehmen gelernt haben.

Von Potztupimi zur Residenzstadt

Der Alte Markt im Jahr 1772 (J. F. Meyer)

Markantes Symbol für den Aufschwung Potsdams in den letzten drei Jahrhunderten ist das Stadtschloss, welches heute den Landtag Brandenburgs beherbergt. Erst seit 2014 existiert das Gebäude wieder in seiner heutigen Form. Erbaut wurde es ursprünglich im 17. Jahrhundert. Damals hatte der brandenburgische Kurfürst Friedrich Wilhelm Potsdam neben Berlin zu seiner Residenz gemacht. Ein Umstand, dem Potsdam ein Großteil seines Aufstiegs verdankt. Zuvor war das 993 erstmals urkundlich erwähnte „Potztupimi" lediglich eine kleine slawische Ansiedlung mit einer Burganlage. Die Lage an der Havel mit Verbindungen nach Spandau, Köpenick und Brandenburg verschaffte der Siedlung einen Vorteil, doch zwei verheerende Brände, Misswirtschaft und besonders der Dreißigjährige Krieg setzten Potsdam zu. Ende des 17. Jahrhunderts lebten nur noch etwa 700 Menschen in der Stadt. Der Große Kurfürst setzte diesem Niedergang ein Ende und befahl 1666 den Bau des Stadtschlosses sowie den Ausbau der Stadt. Auch der Lustgarten vis-à-vis dem Schloss

Der Innenhof, das Knobelsdorff-Treppenhaus, das Foyer, die Cafeteria sowie das Landtagsrestaurant und die Dachterrasse sind werktags für Besucher zugänglich

Im Fortunaportal ist eine Zeitkapsel verborgen

Potsdam Museum – Forum für Kunst und Geschichte
Am Alten Markt 9
14467 Potsdam
Di–So 12–18 Uhr
0331 / 28 96 868
www.potsdam-museum.de

wurde zu dieser Zeit angelegt. Die heutige Gestaltung des Alten Markts lässt ihn wieder so erscheinen wie zu Zeiten Friedrichs des Großen, der ihn Mitte des 18. Jahrhunderts zum römischen Platz umgestalten ließ.

Das heute zu besichtigende Stadtschloss ist eine Rekonstruktion. Die Fassade gleicht dem ehemaligen Stadtschloss, im modern gestalteten Innern hat der Landtag Brandenburg seinen Sitz. Durch Spenden, unter anderem des in Potsdam ansässigen Fernsehmoderators Günther Jauch, konnte 2002 zunächst das restaurierte Fortunaportal eingeweiht werden. 2013 wurde der Wiederaufbau abgeschlossen. Er erfolgte so nah wie möglich am historischen Vorbild und wurde größtenteils durch die Stiftung des Software-Milliardärs Hasso Plattner finanziert. Insgesamt 307 vorhandene historische Bauteile und Steinfragmente wurden an ihren originalen Positionen wieder eingebaut.

Im Zuge der Umgestaltung des Alten Markts durch Friedrich II. wurden nahezu alle Gebäude mit neuen Fassaden versehen. Auch das städtische Rathaus bekam ein neues Erscheinungsbild, das auch heute wieder erlebbar ist. Die vorgelagerten Säulen und die Atlasstatue auf der Steinkuppel sollten dem Gebäude ein repräsentatives Erscheinungsbild verleihen, wie es für italienische Palastfassaden in Mode war. Der goldene Atlas entstand nach dem Vorbild des Amsterdamer Rathauses. Das Gebäude ist heute durch einen modernen Glasbau mit dem Knobelsdorffhaus verbunden. Der Gebäudekomplex beherbergt das Potsdam Museum. Neben einer Dauerausstellung, in der Besucher die über 1000-jährige Geschichte Potsdams nacherleben können, gibt es wechselnde Sonderausstellungen.

Das zweite Museum am Alten Markt befindet sich im restaurierten Palast Barberini. Namensgeber und Vorbild ist der Palazzo Barberini in Rom. Die Ausstellungsthemen des Kunstmuseums reichen von den alten Meistern bis zu zeitgenössischer Kunst. Passend zum impressionistischen Schwerpunkt des Museums wird seit September 2020 dauerhaft die umfangreiche Sammlung impressionistischer Gemälde des

Heute wichtiger Kulturstandort: Das Alte Rathaus

Museumsgründers Hasso Plattner gezeigt. Darunter befinden sich über 100 Werke von Monet, Renoir, Morisot, Sisley und weiteren Malern des Impressionismus und Nachimpressionismus.

Neben dem Palazzo Barberini finden sich am Alten Markt auch noch die Palazzi Chiericati und Pompei – Adaptionen italienischer Paläste, die seit Friedrich dem Großen das Stadtbild entschieden mitprägen. Die Fassaden wurden ebenfalls historisch rekonstruiert und beherbergen luxuriöse Wohnungen mit Blick auf die Freundschaftsinsel.

Um den Charakter des Alten Markts als römischer Platz zu betonen, ließ Friedrich II. 1753 den markanten Obelisken nach einem Entwurf von Georg Wenzeslaus von Knobelsdorff errichten. Der Schaft zeigte ursprünglich Medaillons von vier Hohenzollernherrschern: vom Großen Kurfürsten Friedrich Wilhelm sowie den Königen Friedrich I., Friedrich Wilhelm I. und Friedrich II. Bei der Restaurierung 1979 wurden sie durch Porträts von vier bedeutenden Architekten Potsdams ersetzt: Georg Wenzeslaus von Knobelsdorff, Carl von Gontard, Ludwig Persius und Karl Friedrich Schinkel. Letzterer blickt so für immer auf sein wohl berühmtestes Gebäude: die Nikolaikirche. Sie ist mit ihrer weithin sichtbaren Kuppel das mar-

Museum Barberini
Humboldtstr. 5-6
14467 Potsdam
Mi–Mo 10–19 Uhr
Erster Do im Monat
10–21 Uhr
0331 / 23 60 14 499
www.museum-barberini.com

kanteste Gebäude am Alten Markt und das einzige, das nicht den Stempel von Friedrich dem Großen trägt. Die geplante Umgestaltung der Nikolaikirche, die an die erträumte römische Piazza angepasst werden sollte, wurde durch ein Feuer während der Reparaturarbeiten am Turm zunichtegemacht. Geldnot und Kriegswirren verzögerten den Wiederaufbau des Gotteshauses, sodass er erst ab 1828 unter dem Großneffen Friedrich Wilhelm III. in Auftrag gegeben werden konnte. 1850 wurde der neue klassizistische Sakralbau geweiht. Ende des Zweiten Weltkriegs wurde die Nikolaikirche bei einem Luftangriff zerstört. Erst 1981 konnte sie nach langen Jahren des Wiederaufbaus erneut geweiht werden.

Potsdams bekanntestes Wahrzeichen: Die Nikolaikirche

Eine Besteigung des Turms der St. Nikolaikirche ist Montag bis Samstag von 9.30 bis 19.30 Uhr und Sonntag ab 11.30 Uhr möglich

Der Alte Markt vereint ein wunderbar lebhaftes und gleichzeitig harmonisches Nebeneinander von Geschichte, Modernität und Alltag. Hinter säulenverzierten Prachtfassaden finden sich Privatwohnungen, Arztpraxen oder Eismanufakturen. Die alltägliche Nutzung trägt die Gebäude in die Zukunft und verhindert eine verstaubte Museumsatmosphäre. Stattdessen passen sie sich so exakt in das Bild einer hochmodernen Stadt ein. Dieser erste Eindruck wird sich bei der weiteren Erkundung der Stadt immer wieder einstellen. In Potsdam wird Geschichte gelebt, geatmet, zelebriert und ins alltägliche Leben integriert. Dabei ist die Stadt ständig im Umbruch, ohne jedoch ihre Historie aus den Augen zu verlieren.

Der Alte Markt ist die historische Wiege Potsdams

Freundschaftsinsel

Nach dieser Fülle von Geschichte und Gebäuden sehnen sich Geist und Auge nach Erholung. Zum Glück liegt diese nahe. In unmittelbarer Nachbarschaft zum Stadtkern lädt die Freundschaftsinsel zu einem Rundgang ein. Auch sie unterstreicht den Charakter der Stadt, die es so trefflich versteht, Schönheit und Nutzen zu verknüpfen. Denn das weite Grün ist keinesfalls eine unbetretbare Schmuck-Rasenfläche, sondern eine ausgewiesene Liegewiese.

Die Freundschaftsinsel lädt schon seit Anfang des 19. Jahrhunderts zum Flanieren ein. Als die Schifffahrt immer wichtiger für die wachsende Residenzstadt wurde, musste der Nuthegraben – die heutige Neue Fahrt – östlich der kleinen Havelinsel ausgebaut und vertieft werden. Die damals noch hölzerne Brücke über die Havel wurde durch einen Neubau aus Gusseisen ersetzt. Der Besitzer des Eilands, ein Tabakhändler, veranstaltete schon damals kleine Rosenfeste in einem der ersten Gärten. Er bezeichnete die Insel in seinem Testament als „Insel der Freundschaft". Sein Schwiegersohn übernahm den Namen für ein dort betriebenes Ausflugslokal, und so blieb dieser hängen. Anfang des 20. Jahrhunderts war die Freundschaftsinsel hauptsächlich mit Laubengärten, Bootswerften und Schuppen bebaut, es entstand außerdem eine Flussbadeanstalt. Erst in den 1930er-Jahren wurde die Insel gestalterisch aufgewertet und sollte als gefällige Eintrittspforte zur Residenzstadt dienen. Auf Anregung des Staudenzüchters Karl Foerster wurde ein Teil der Insel als Schau- und Sichtungsgarten vor allem für Stauden- und Rosenpflanzungen angelegt. 1941 wurde der Garten mit über 2000 verschiedenen Stauden und Sommerblumen sowie fast 300 verschiedenen Rosen- und Ziergehölzen feierlich eröffnet.

Die Pflanzungen aus Stauden, Gräsern und Rosen gruppieren sich um eine große Rasenfläche, auf der einzelne Bäume teilweise noch aus der Entstehungszeit des Gartens stammen. Schneeglöckchen, Veilchen, Märzenbecher und Wildkrokusse blühen im Frühling zu ihren Füßen. Doch die Grünanlage

Der Gärtnerjunge begrüßt Besucher am Adler-Torhaus

Im Inselcafé lässt sich mit Blick aufs Wasser leckerer Kuchen schlemmen

ist ganz in Foersters Sinne als durchgängig blühender Garten angelegt. Von Frühling bis Herbst erfreuen die klug angepflanzten Stauden mit immer wieder wandelnder Blütenpracht. Iris, Rittersporn, Phlox und Astern, Chrysanthemen, Rosen, Taglilien, Schwertlilien und vieles mehr gilt es zu entdecken. Bänke inmitten der duftenden Gewächse oder unter Schatten spendenden Bäumen machen den Garten zu einem kleinen Paradies inmitten der Großstadt.

Zahlreiche lauschige Ecken laden zum Verweilen ein

Anlässlich der Bundesgartenschau, die 2001 in Potsdam stattfand, wurde der Garten erneuert und restauriert. Die einzelnen Gartenteile wurden noch besser verknüpft, und der Inselcharakter wurde durch eine naturnahe Ufergestaltung betont. Zwei Jahre lang wurden zudem europaweit alle Staudenzüchtungen gesucht, die einst von Karl Foerster geschaffen worden waren. Über 200 konnten gefunden und eingepflanzt werden. Neben den wunderschönen Pflanzen ist es aber wohl noch etwas anderes, das die Freundschaftsinsel für die Einheimischen so besonders macht: Der Garten ist einer der wenigen in Potsdam ohne königliche Vergangenheit. Ein Refugium, das schon immer ganz den Potsdamern vorbehalten war.

Blick auf Nikolaikirche und Museum Barberini

Der Lustgarten – Barockgarten, Exerzierplatz, DDR-Mahnmal und Wiese des Volkes

Ist der Rundgang über die Freundschaftsinsel beendet, taucht man eher widerwillig wieder in den Verkehrslärm und Trubel auf der Langen Brücke ein. Doch es lohnt sich, denn auf der anderen Seite des Ufers, direkt hinter dem markanten Gebäude des Mercure Hotels, wartet Potsdams älteste Gartenanlage auf ihre Wiederentdeckung. Der bereits 1589 erstmals urkundlich erwähnte Lustgarten gehörte ursprünglich zum Schloss der Kurfürstin Katharina von Brandenburg-Küstrin. Der nach dieser benannte Katharinenbau war ein Vorgänger des Potsdamer Stadtschlosses. Direkt am Ufer der Havelbucht entlang führt der Spaziergang am Anleger der Schifffahrt in Potsdam vorbei. Der Hafen an der Langen Brücke ist Ausgangspunkt für unterschiedlichste Schiffsfahrten.

Der Brunnen rechter Hand dient uns als Eingangspforte in den Lustgarten. Die Figurengruppe rund um den römischen Wassergott Neptun ist eine Originalskulptur des historischen Lustgartens. Die Neptunbassin genannte Brunnenanlage steht exemplarisch für den Wandel, die Zerstörung und die Wiederauferstehung des Lustgartens. Ursprünglich zeigte das Bassin die Szene „Neptuns Triumph". Vorbild für den Brunnen war das Apollobassin im Schlosspark von Versailles.

Heutiges Neptunbassin mit Stahlrohr-Nachbildung fehlender Teile

Im Laufe der Geschichte wurde die Gruppe mehrfach umgebaut, verändert und restauriert. Auch der Lustgarten erfuhr zahlreiche Veränderungen und Umbauten. Der Große Kurfürst ließ die Anlage zu einem Barockgarten für das Stadtschloss gestalten. Sein Sohn Friedrich I. erweiterte das Gelände. Aber erst der Soldatenkönig Friedrich Wilhelm I. gab ihr das auch heute noch charakteristische Aussehen. Er ließ einen Teil des Gartens als Exerzierplatz einebnen und das Pomeranzenhaus zum Marstall umbauen.

Auch Friedrich II. hinterließ seine Spuren im Lustgarten, als er diesen nach Hochwasserschäden von seinem liebsten Gartenarchitekten Peter Joseph Lenné verschönern und umbauen ließ.

Das Mosaik zeichnet das Leben Karl Liebknechts nach

Erst in der DDR-Zeit wurde eine schmerzhafte Schneise in den fast 500 Jahre gehegten Garten geschlagen. Die Pläne für ein neues sozialistisches Stadtzentrum führten zur Sprengung des Stadtschlosses. Der Lustgarten fiel dem Bau des Ernst-Thälmann-Stadions und des Interhotels Potsdam zum Opfer. An seiner Stelle entstand die Gartenanlage Karl-Liebknecht-Forum mit der Skulptur „Herz und Flamme der Revolution" und einem Karl-Liebknecht-Mosaik. Das Neptunbassin wurde zugeschüttet und die erhaltenen Figuren vernichtet. Viele Potsdamer wollten sich mit der Zerstörungswut des Regimes allerdings nicht abfinden und retteten einige Teile des Neptunbassins. Zur Bundesgartenschau 2001 wurde ein neuer Lustgarten in Anlehnung an das historische Vorbild angelegt. Das Neptunbassin wurde rekonstruiert, und die geretteten Figuren kamen aus den unterschiedlichsten Ecken Potsdams zurück an ihren Bestimmungsort. Die Potsdamer pflegen ihre Historie eben auf ihre ganz eigene Weise. 2006 schufen Potsdamer Künstler dann ein Modell aus Stahlstreben, Licht und Wasserspielen, das die noch fehlenden Elemente der Neptungruppe im Bassin nachbilden soll.

Der heutige Lustgarten ist ein spannender Mix, der den verschiedensten Teilen seiner wechselhaften Geschichte einen Platz gibt. Die Wassermenschen

2001 neu angelegt: Der Lustgarten

des Neptunbassins koexistieren friedlich mit sozialistischen Mosaiken und der revolutionären Flammenplastik. Der Exerzierplatz des Soldatenkönigs bietet atemberaubende Ausblicke auf das neue Potsdamer Stadtschloss und das Filmmuseum im ehemaligen Marstall. Futuristisch anmutende pinkfarbene und orangene Liegesessel ziehen eine Verbindungslinie in die Zukunft, kleine Sitzgelegenheiten und ein Heckenlabyrinth schaffen lauschige Picknick- und Plauderplätze. Auf dem ehemaligen Exerzierplatz finden im Frühjahr und im Herbst die Buden und Karussells des Potsdamer Volksfests einen Platz. Der ehemalige Barockgarten bietet heute Raum für Freizeitaktivitäten, die in den historischen Parkanlagen nicht möglich sind.

Neuer Markt und aktuelle Potsdamer Streitigkeiten

Vom Haupteingang des Mercure Hotels hat man noch einmal einen sehr schönen Blick auf den ehemaligen Marstall. Wo zu Zeiten des Soldatenkönigs Pferde wieherten, befindet sich heute Deutschlands ältestes Filmmuseum. Gegründet 1981 als „Filmmuseum der DDR", widmet sich das Haus heute besonders der mehr als 100-jährigen Geschichte der Filmstadt Babelsberg. Das Studio und seine Filmproduktionen, Schauspieler, Regisseure und andere Künstler stehen im Mittelpunkt. Gäste können sich in verschiedenen Themenräumen auch selbst als Schauspieler oder Musiker versuchen. Zusätzlich zur Dauerausstellung gibt es Filmreihen, Gespräche mit Schauspielern und Regisseuren sowie Wechselausstellungen zu anderen Film- und Medienthemen. Ein eigenes Kino komplettiert das Erlebnis. Seit 2011 gehört das Museum zur Filmuniversität Babelsberg Konrad Wolf.

Zwischen dem Filmmuseum und dem brandenburgischen Landtag im neuen Stadtschloss hindurch folgt man der Friedrich-Ebert-Straße. Die Seitenansicht des Schlosses erlaubt einen Blick auf die berühmte Ringerkolonnade. Diese und die Havelkolonnade waren ursprünglich dafür gedacht, das Areal des Lustgar-

Filmmuseum Potsdam
Breite Straße 1A
14467 Potsdam
Di–So 10–18 Uhr
0331 / 27 18 112
www.filmmuseum-potsdam.de

tens von der restlichen Stadt zu trennen. Eine Kolonnade verband das Stadtschloss mit dem Marstall, die andere befand sich an der Havel und sperrte den Lustgarten nach Osten hin ab. Letztere wurde im Zweiten Weltkrieg vollständig zerstört. Die übrige Kolonnade steht heute wieder an ihrer ehemaligen Stelle, ist jedoch kürzer als das historische Original und bietet so der Straßenbahn eine Möglichkeit zur Durchfahrt. An der Westfassade des Stadtschlosses prangt seit 2016 der goldene Ausspruch „Ceci n'est pas un chateau" (Dies ist kein Schloss). Die Künstlerin Annette Paul ließ sich bei ihrer Arbeit vom wohl berühmtesten Bild René Magrittes „La trahison des images" inspirieren. Das Original zeigt eine Tabakspfeife und den Satz „Ceci n'est pas une pipe" (Dies ist keine Pfeife). Diese Anspielung hat mehrere Bedeutungen. Zum einen soll verdeutlicht werden: Das hier ist kein Schloss, keine Attrappe oder Replikation, sondern der Sitz des brandenburgischen Landtags.

Außen Schloss, innen Landtag

Hier regiert kein König, hier wird demokratisch entschieden. Die äußere Form bestimmt nicht die Funktion des Gebäudes. Des Weiteren hat die Anspielung auf Magrittes Pfeife noch einen weiteren Clou, denn im Westflügel des historischen Stadtschlosses befand sich zu Zeiten Friedrich Wilhelms I. der Raum, in dem das Tabakskollegium abgehalten wurde. Der Soldatenkönig traf sich hier mit Militärs, Diplomaten und Reisenden und besprach die aktuelle Politik oder andere gesellschaftliche Themen im blauen Dunst der Meerschaumpfeifen.

Nach dieser philosophischen Zäsur geht es weiter durch die Friedrich-Ebert-Straße bis der Weg links in die Schwertfegerstraße führt. Am Ende der kleinen Allee liegt mit dem Neuen Markt einer der ältesten und am besten erhaltenen Barockplätze Europas. Hier scheint die Zeit stillzustehen. Die repräsentativen Bürgerhäuser könnten auch schon zu Zeiten Friedrichs II. hier gestanden haben. Im Gegensatz zum Alten Markt ist dieser Platz mit seiner Bebauung tatsächlich fast in seiner ursprünglichen Gestaltung aus dem 18. Jahrhundert erhalten geblieben. Das rosafarbene Kabinetthaus an der Ostseite wurde 1753 auf Befehl von Friedrich II. gebaut und unter anderem von seinem Neffen, dem Kronprinzen Friedrich Wilhelm, bewohnt. Der spätere König Friedrich Wilhelm III. und auch Wilhelm von Humboldt erblickten in diesem Haus das Licht der Welt. Ende des 18. Jahrhunderts wurden in diesem Gebäude die ersten preußischen Ingenieure ausgebildet. Heute beherbergt das Kabinetthaus unter anderem das Leibniz-Zentrum für Zeithistorische Forschung Potsdam. Daneben haben am Neuen Markt, der als eines der geisteswissenschaftlichen Zentren Potsdams gilt, unter anderem die Berlin-Brandenburgische Akademie der Wissenschaften, das Moses Mendelssohn Zentrum für europäisch-jüdische Studien und das Einstein Forum ihren Sitz.

Der Besucher, der sich dem etwas versteckt gelegenen Neuen Markt über die unscheinbaren kleinen Straßen nähert, fühlt sich hier in eine andere Zeit versetzt. Die groben Pflastersteine scheinen nur auf

Gut erhaltener Barockplatz: Der Neue Markt

Haus der Brandenburgisch-Preußischen Geschichte
Am Neuen Markt 9
14467 Potsdam
Di, Mi 11–18 Uhr,
Do 11–20 Uhr, Fr–So
11–18 Uhr
0331 / 62 08 550
www.hbpg.de

das nächste Fuhrwerk zu warten, das seine Waren auf der Ratswaage wiegen lassen möchte, oder auf die königlichen Kutschpferde, die ihrem verdienten Feierabend im Kutschpferdestall zustreben. Doch der im klassizistischen Stil errichtete Kutschpferdestall beherbergt heute das Haus der Brandenburgisch-Preußischen Geschichte. Hier können Besucher Ausstellungen und Veranstaltungen zur regionalen Geschichte erleben. Auch das ehemalige Waagenhäuschen in der Mitte des Platzes hat seinen Weg in die Gegenwart gefunden. Nach der friedlichen Revolution ist hier ein Restaurant eingezogen. Im Innern können Besucher noch immer den Mechanismus der Waage besichtigen. Die letzte Waage hatte eine Tragkraft von 20 Tonnen und wurde noch bis in die 1970er-Jahre genutzt.

Wir verlassen den Neuen Markt in Richtung der Werner-Seelenbinder-Straße und gelangen zum wohl größten Zankapfel der jüngeren Potsdamer Vergangenheit – der im Neubau befindlichen Garnisonkirche. 1945 brannte die Garnisonkirche aufgrund des „Nacht von Potsdam" genannten Luftangriffs komplett aus, das DDR-Regime ließ die Ruine 1968 sprengen. Seit den 1990er-Jahren wird über einen Wiederaufbau gestritten. Erbaut wurde das imposante Kirchengebäude im Auftrag von Friedrich Wilhelm I. Die Kirche galt als Hauptwerk des norddeutschen Barocks und bot Platz für etwa 3000 Kirchgänger. Zar Alexander I., Napoleon und Komponist Johann Sebastian Bach zählen zu ihren berühmtesten Besuchern. Zusammen mit der Nikolaikirche und der Heilig-Geist-Kirche prägte sie als damals höchstes Bauwerk den berühmten „Dreikirchenblick" der Garnisonsstadt. Der Wiederaufbau, der 2017 startete, wird heftig diskutiert. Highlight der neuen Garnisonkirche soll ein 57 Meter hoher Aussichtsturm werden. Auch das historische Glockenspiel soll wieder erklingen. Einen kleinen Vorgeschmack darauf holen wir uns auf der Plantage, kaum 300 Meter nördlich der Garnisonkirchen-Baustelle. Der Platz ist einer der ältesten Potsdams und diente unter anderem zur Seidenraupenzucht. Die hierzu gepflanzten Maulbeerbäume verliehen der Plantage ihren Namen. Heute

Die Garnisonkirche auf einem Gemälde von E. Gaertner (1840)

befindet sich hier ein Kinderspielplatz und dank der Traditionsgemeinschaft Potsdamer Glockenspiel seit den 1990er-Jahren eine Rekonstruktion des Carillons. Die Diskussionen um den Wiederaufbau der Garnisonkirche stehen exemplarisch für das moderne Potsdam. Eine Stadt, die sich immer im Wandel befindet, deren Bewohner sich aktiv und leidenschaftlich um ihr Zuhause bemühen, sich einbringen und gehört werden wollen. Aber auch eine Stadt mit bewegter Geschichte und mit Menschen, die diese Historie bewahren und schützen möchten.

Von der Plantage geht es weiter über die Dortustraße in die Bäckerstraße. Vorher passiert der Spaziergänger rechter Hand den rekonstruierten Potsdamer Stadtkanal. Ende des 17. Jahrhunderts wurde der Kanal als Entwässerungsgraben angelegt. Später ließ Friedrich Wilhelm I. ihn nach dem Vorbild holländischer Grachten ausbauen. Der in den 1960er-Jahren zugeschüttete Stadtkanal wird seit Anfang der 2000er-Jahre wieder rekonstruiert. Weiter westlich kann der aufmerksame Spaziergänger einen kleinen Teil der historischen Stadtmauer entdecken. Eine Wand des Restaurants „Alter Stadtwächter" in der Schopenhauerstraße wird von der 1733 erbauten Stadtmauer gebildet, deren Bögen noch zu sehen sind. Die direkt am Brandenburger Tor gelegene Schänke war Treffpunkt der Torwächter und der Soldaten der umliegenden Kasernen. Das Brandenburger Tor ist eines der drei heute noch weitestgehend erhaltenen Potsdamer Stadttore. Zum Ende des Siebenjährigen Kriegs sollte ein neues prachtvolles Triumphtor den Eingang Potsdams schmücken und Preußens Anspruch auf einen Platz in der Reihe der europäischen Großmächte verdeutlichen. Friedrich II. ließ es nach Art eines römischen Triumphbogens bauen und nahm sich dafür den Konstantinsbogen in Rom zum Vorbild. Eine Besonderheit des Tors sind seine zwei unterschiedlichen Seiten, die von zwei Architekten entworfen wurden. Carl von Gontard gestaltete die Stadtseite, sein Schüler Georg Christian Unger die Landseite. Am rechten Pfeiler kann man heute noch einen Hinweis für die Fahrer der Pferdebahnen finden. „Schritt" sollte sie ermahnen, auf die

Pforte zu Potsdams beliebter Einkaufsstraße: Brandenburger Tor

Fußgänger Rücksicht zu nehmen. Seit dem Abbruch der Stadtmauer um 1900 ist das Brandenburger Tor ein frei stehendes Bauwerk.

Das Tor führt den Spaziergänger über die beliebte Einkaufsmeile Brandenburger Straße bis zur Kirche St. Peter und Paul. Schon vom Brandenburger Tor aus kann man einen ersten Blick auf diese Kirche erhaschen. Dies ist eine der berühmtesten Potsdamer Sichtachsen und gleichzeitig wohl eine der am häufigsten ignorierten. Denn die Brandenburger Straße selbst bietet dem Spaziergänger so viele Ablenkungen, dass die in der Ferne lockende Kirche leicht ins Hintertreffen gerät. Neben bekannten Labels gibt es immer wieder kleine Überraschungen wie liebevoll ausgestattete Buchläden, kleine Boutiquen und exquisite Feinkostgeschäfte zu entdecken.

Lädt zum Flanieren ein: Brandenburger Straße

Entstanden sind die Straße und der Großteil ihrer Bebauung im Zuge der zweiten Potsdamer Stadterweiterung ab 1733. Typenhäuser schafften den benötigten Wohnraum für die Bevölkerung der schnell wachsenden Residenzstadt. Sie sind mit heutigen Fertighäusern vergleichbar und wurden nach einem standardisierten Bauplan errichtet. So konnten sie kostengünstig gebaut werden, da der Bauplan nur einmal entworfen werden musste und die Bauzeichnungen mehrfach verwendet werden konnten. Auch die Bauteile konnten so einfacher produziert werden. Allerdings sind nicht alle Potsdamer Typenhäuser ohne Weiteres zu erkennen, viele sind geschickt hinter unterschiedlichen Schaufassaden verborgen. Bewohnt wurde die Brandenburger Straße vor allem von Handwerkern. Erst gegen Ende des 19. Jahrhunderts entwickelte sich die Straße zu einer Geschäftsstraße.

Das Holländische Viertel

Die nächste Station des Spaziergangs ist das wohl meistfotografierte Wohngebiet Potsdams: das Holländische Viertel. Und das ist durchaus verständlich, denn die Straßen mit den schmalen roten Backsteinhäusern samt ihren Fensterläden und Giebeln sind einfach ein malerischer Anblick. Die vier Karrees,

Markante Backsteingiebel im Holländischen Viertel

über die sich das Holländische Viertel erstreckt, sind sowohl architektonisch als auch kulinarisch und für Einkaufsfreudige ein Erlebnis.

Erbaut wurde das Viertel Mitte des 18. Jahrhunderts für niederländische Handwerker. König Friedrich Wilhelm I. hatte diese nach Potsdam geholt und wollte durch das attraktive Wohngebiet weitere Gastarbeiter anlocken. Vor dem Bau musste das sumpfige Areal trockengelegt werden. Ein Bassin wurde ausgehoben, um das Wasser abfließen zu lassen. So sorgte der Baubeginn des Holländischen Viertels gleichzeitig für die Entstehung des Bassinplatzes. Verantwortlich für den Bau des Viertels war Architekt Jan Bouman, ein gebürtiger Niederländer, der heute als einer der bedeutendsten Baumeister des friderizianischen Rokoko gilt. Eine Bauform, die entscheidend von Friedrich dem Großen geprägt wurde und in Potsdam, besonders in Sanssouci, ihre schönsten Blüten getrieben hat. Viele Entwürfe des Haus- und Hofarchitekten Friedrichs des Großen Georg Wenzeslaus von Knobelsdorff wurden durch Jan Bouman realisiert. Mehr über die Entstehung des Holländischen Viertels erzählt die Ausstellung im Haus in der Mittelstraße 8. Das nach dem berühmten Baumeister benannte Jan Bouman Haus besteht zum großen Teil aus der originalen Bausubstanz von 1735 und ist so selbst der spannendste Teil der Ausstellung. Der Besucher kann frei im Haus umherwandern und es über alte, knarzige Treppen bis zum Dachboden erkunden. Auch der kleine Garten darf betreten werden. Diese Erfahrung macht das Leben im Holländische Viertel wunderbar greifbar und lässt tief in die Zeit des 18. Jahrhunderts eintauchen.

Das Jan Bouman Haus macht Geschichte erlebbar

Besonders sehenswert ist das Holländische Viertel, wenn gefeiert wird. Im April wird der Nationalblume der Niederländer mit einem Tulpenfest gedacht, im September gibt es einen Töpfermarkt und im Advent einen holländischen Weihnachtsmarkt. Doch wann auch immer Besucher dieses pittoreske Viertel besichtigen – sympathisch wirkt es in jeder Jahreszeit. Und auch zum Flanieren sollte man hier ausreichend Zeit mitbringen. Es locken kleine Kunst-

Ein Ort für Gourmets: La Maison du Chocolat

galerien, nette Boutiquen, Antiquariate und vor allem gemütliche Cafés. Besonders empfehlenswert ist ein Besuch im Café „Guam", das mit seinen unglaublichen 30 verschiedenen Sorten Käsekuchen jedes Schleckermaul verzückt. Wem der Sinn eher nach Schokolade steht, der wird in der Benkertstraße im „Maison du Chocolat" sicher fündig. Neben Schokolade, Pralinen und hausgemachtem Eis gibt es hier Torten und Tartes aus der hauseigenen Konditorei sowie französische Küche und eine gut sortierte Weinauswahl. Zu guter Letzt darf natürlich eine echte Potsdamer Institution nicht fehlen: Das „Wohnzimmer der Stadt" genannte Café „Heider" verzaubert die Potsdamer seit 1878 in gemütlicher Kaffeehaus-Atmosphäre mit selbst gerösteten Kaffeebohnen und ausgewählten Leckereien.

Abreise
Haltestelle „Potsdam, Nauener Tor"
Tram 92, 96 oder Bus 604, 609, 638

Nachmittag

Nedlitzer Str.
NAUENER VORSTADT
Neuer Garten
Am Neuen Garten
JÄGER-VORSTADT
Jägerallee
Alleestr.
Behlertstr.
Heiliger See

Vom Neuen Garten bis zur Kolonie Alexandrowka

Nach dem Besuch der lebendigen und geschäftigen Potsdamer Mitte gönnen wir uns zu Beginn des Nachmittagsausflugs hochwertige Gartenkunst mit einem Hauch Mystik. Wir tauchen tief in die Geschichte des Kalten Kriegs ein und spüren dem Verlauf der Potsdamer Konferenz noch einmal nach. Der Ausblick vom Pfingstberg-Belvedere bringt uns ins Hier und Jetzt zurück und pustet uns den Kopf wieder frei. Ausklingen lassen wir den Ausflug mit einem Abstecher nach Russland. In der Kolonie Alexandrowka gibt es Tee aus dem Samowar und original russische Spezialitäten nach Rezepten aus der Zarenzeit.

Neuer Garten

Anreise
Haltestelle „Potsdam, Hebbelstraße"
Bus 603, 697

Wie eine Erscheinung taucht die Gotische Bibliothek zwischen Sträuchern und Bäumen auf. Eben schlängelte man sich noch auf der viel befahrenen Behlertstraße durch Blechlawinen und todesmutige Fahrradfahrer, schon ist man nicht nur in einer von Potsdams schönsten Gartenanlagen, sondern gefühlt auch in einer anderen Zeit. Der Verkehrslärm wird gedämpft und macht Vogelgezwitscher und Blätterrauschen Platz. Der über 100 Hektar große Neue Garten trägt unübersehbar die Handschrift des größten preußischen Gartenkünstlers Peter Joseph Lenné. Seine charakteristischen Sichtachsen sind besonders im Neuen Garten meisterlich umgesetzt worden, sodass diesem durch seine Verbindungen zu den Gärten von Sacrow, der Berliner Pfaueninsel und den Schlossparks von Glienicke und Babelsberg eine zentrale Rolle in der Gartenlandschaft zukommt. Das landschaftskünstlerische Werk von Lenné hat einen Gutteil dazu beigetragen, dass die Berlin-Potsdamer Kulturlandschaft seit 1990 Weltkulturerbe ist und unter dem Schutz der UNESCO steht.

Lenné schuf Potsdams pittoreske Sichtachsen

In Auftrag gegeben wurde der Neue Garten von Friedrich Wilhelm II., dem Neffen und Thronerben Friedrichs des Großen. Direkt im Anschluss an seine Krönung 1786 ließ er den Landschaftspark zunächst vom Wörlitzer Gärtner Johann August Eyserbeck anlegen. Der Name „Neuer Garten" ist als deutliche Abkehr vom nicht mehr zeitgemäßen barocken Prunk Sanssoucis zu verstehen. Der Neue Garten wurde erstmals nach dem englischen Gartenvorbild gegliedert. Der Charakter als Landschaftsgarten sollte betont werden und die Pflanzen in ihrer natürlichen Wuchsform erscheinen. Die Verbindung aus Pflanzen, Bäumen und Wiesen, dem Heiligen See und dem Jungfernsee als Wasserelementen, den verschlungenen Wegen und Sichtachsen und den extravaganten Gartenarchitekturen machen die Entdeckung des Neuen Gartens zu einem einmaligen Erlebnis. Die Gotische Bibliothek steht hierfür exemplarisch. Idyllisch schmiegt sie sich an das Ufer des Heiligen Sees. Es ist jedoch nicht selbstverständlich, dass sie heute in diesem erstklassigen Zustand zu sehen ist. Im Zweiten Weltkrieg wurde sie durch eine Fliegerbombe stark beschädigt und drohte im morastigen Ufer des Sees zu versinken. Zum 1000-jährigen Stadtjubiläum Potsdams 1993 gewährte Berlin finanzielle Unterstützung für die Sanierung der Bibliothek. Eine Aussichtsplattform, die über eine Wendeltreppe erreicht werden kann, erlaubt malerische Ansichten des Heiligen Sees und des Marmorpalais. Im Neuen Garten und seinen Architekturen zeigt sich deutlich der Einfluss Friedrich Wilhelms II., besonders in der Abkehr von den Idealen seines Onkels Friedrich des Großen. Anders als der frankophile Friedrich II. sammelte Friedrich Wilhelm II. neben französischen Büchern im Untergeschoss auch deutsche Literatur im oberen Teil des zweistöckigen Pavillons. Etwa 1000 Bücher aus seinem Besitz waren hier untergebracht. Er förderte die deutsche Kunst und ließ an preußischen Theatern erstmals auch Stücke von Schiller und Lessing aufführen.

Friedrich Wilhelm II. hinterließ den Neuen Garten

Die Gotische Bibliothek am Südufer des Heiligen Sees

Neben der Gotischen Bibliothek ließ der König Friedrich Wilhelm II. eine Küche in Form einer römischen Tempelruine und eine Pyramide errichten, die als Eiskeller diente. Diese historisierenden exotischen Architekturen stehen in keinem Zusammenhang mit ihrem eigentlichen Zweck, zeigen aber deutlich die Vorlieben ihres einstigen Bewohners. Die ägyptischen und gotischen Anklänge sind zudem Hinweise auf die Beziehungen des Königs zum Geheimbund der Rosenkreuzer. Preußen galt zwar als Hochburg der Aufklärung, doch Friedrich Wilhelm II. stellte das genaue Gegenteil zu einem rationalistischen und fortschrittsgläubigen Menschen dar. Die Forschung ist sich einig, dass der Kronprinz, trotz seiner streng an der Aufklärung ausgerichteten Erziehung, zeitlebens abergläubisch war und für das Übersinnliche schwärmte. Wenn im Herbst der Dunst über dem Heiligen See liegt und die Gotische Bibliothek aus den Nebelschwaden auftaucht, kann man sich besonders gut in diese mystische Gedankenwelt versetzen.

Das Holländische Etablissement im Neuen Garten

Von der Gotischen Bibliothek führt ein schöner Weg direkt am Ufer des Heiligen Sees entlang in den Neuen Garten hinein. Nach etwa 500 Metern biegt der Spazierweg nach links ab, und beinah scheint man schon wieder im Holländischen Viertel angekommen zu sein. Die Backsteinhäuser in der schnurgeraden Allee aus Säuleneichen werden „Holländisches Etablissement" genannt. Friedrich Wilhelm II. ließ zwei Torhäuser, vier Kavaliershäuser als Wohnhäuser für seinen Hofstaat, einen Pferdestall, eine Remise und ein Damenhaus im holländischen Stil errichten. Um das Damenhaus rankt sich die Legende, dass sich hier die jeweils auserwählten Damen für die Nacht mit dem König herausgeputzt hätten. Der König, der es in seinen besten Zeiten auf 120 Kilogramm brachte, war den Frauen sehr zugetan. Erneut eine Eigenschaft, die ihn von seinem Vorgänger Friedrich II. unterschied. Die Abenteuer des „dicken Lüderjahn", wie die Potsdamer ihren König missbilligend nannten, waren stadtbekannt. Er zeugte insgesamt 13 Nachkommen.

Direkt gegenüber dem Damenhaus steht die Orangerie. Im Gegensatz zu dem im holländischen Stil ge-

Das Damenhaus zeugt vom Lebensstil Friedrich Wilhelms II.

haltenen roten Backsteinhaus zieren die Orangerie an ihrem Portal eine Sphinx und zwei ägyptische Götterstatuen.

In der Orangerie werden heute Konzerte veranstaltet

Im Palmensaal der Orangerie werden anlässlich der Musikfestspiele Potsdam klassische Konzerte veranstaltet

Das als Sommerresidenz angelegte Marmorpalais ist die nächste Station unseres Spaziergangs durch den Neuen Garten. Wilhelmine von Lichtenau, die im Volksmund „schöne Wilhelmine" genannte Lieblingsmätresse, Freundin und engste Beraterin von Friedrich Wilhelm II., hatte an der Planung des Marmorpalais einen großen Anteil. Als Förderin des Frühklassizismus setzte sie dessen Gestaltung in dieser Stilrichtung durch und beförderte damit den Epochenwechsel zum Klassizismus. Es ist das einzige preußische Schloss, das im Stil des Frühklassizismus erbaut wurde. Auch die Innengestaltung oblag der Beraterin und Freundin von Friedrich Wilhelm II., obgleich dieser schon wieder neu verheiratet war. Dem König diente das schöne Marmorpalais als privater Rückzugsort.

Zeugnis des Frühklassizismus: Das Marmorpalais

Der Rundtempel auf dem Dach ist auch heute noch ein vortrefflicher Aussichtspunkt. Ausgehend von diesem Schloss, wurde unter anderem das Schloss auf der Pfaueninsel errichtet, um als Blickfang zu dienen. Den Namen Marmorpalais verdankt das Gebäude den Schmuckplatten aus grauem und weißem schlesischem Marmor an der Fassade. Um die ländliche Idylle der Umgebung aufzugreifen, wurden aus einheimischen Hölzern kostbare Intarsien und hochwertige Holzfußböden für den Innenraum geschaffen. Auch in diesem Gebäude ließ der leidenschaftliche Cellospieler einen Konzertsaal einbauen. Die eingeschossigen Seitenflügel sind nachträgliche Anbauten, die dem kranken und geschwächten König das Treppensteigen ersparen sollten. Sie waren bei seinem Tod 1797 jedoch noch im Rohbau. Der Sohn und Nachfolger des Königs verachtete seinen genuss- und verschwendungssüchtigen Vater und ließ nur den Außenbau fertigstellen. Erst unter Friedrich Wilhelm IV. wurde auch der Innenausbau abgeschlossen. Unterhalb der Freitreppe findet sich die künstliche Tempelruine, die als Schlossküche diente. Sie war durch einen unterirdischen Gang mit dem Marmorpalais verbunden.

Die letzten Bewohner des Schlosses waren Kronprinz Wilhelm, der älteste Sohn Kaiser Wilhelms II., und seine Frau Cecilie von Mecklenburg-Schwerin. Sie bezogen 1905 das Marmorpalais als Sommerresidenz. 1917 erfolgte der Umzug ins neu erbaute

Die Tempelruine wurde 2013 stilecht saniert

Schloss Cecilienhof. Dieses Schloss ist später der krönende Abschluss unseres Spaziergangs durch den Neuen Garten. Das Marmorpalais diente der DDR in den 1960er-Jahren als Armeemuseum bis es Ende der 1980er-Jahre restauriert und nach und nach wieder der Öffentlichkeit zugänglich gemacht wurde. Besonderes Highlight ist die Terrasse des Schlosses mit dem einmaligen Blick über den Heiligen See. Friedrich Wilhelm II., der gerne ausgedehnte Bootsfahrten, beispielsweise zum Schloss Charlottenburg in Berlin, unternahm, diente sie auch als Bootsanlegestelle.

Blick über den Heiligen See auf das Marmorpalais

Vom Marmorpalais aus kann man das Grüne Haus am Nordende des Heiligen Sees erahnen. Die „Bunten Häuser" im Neuen Garten sind ehemalige Wohnhäuser, von denen die meisten schon standen, als Friedrich Wilhelm II. den Neuen Garten 1787 anlegen ließ. Sie wurden in den Garten integriert und dienten der Versorgung und Unterbringung des Hofstaats. Benannt sind sie nach ihrer Fassadenfarbe. Das Grüne Haus hatte dabei eine besondere Bewandtnis für den König. Der Berliner „Hofapotheker und Professor der Chemie und Pharmacie" Sigismund Friedrich Hermbstädt richtete sich hier ein Labor ein und stellte sogenannte Lebensluft her. In Ballons abgefüllt, wurde sie dem an Atemnot leidenden König ins Marmorpalais gebracht. Doch auch dieses Experiment konnte Friedrich Wilhelm II. nicht mehr retten. Später diente das Haus als Dienstwohnung von Peter Joseph Lenné, die gärtnerische Gestaltung des Umfeldes war seine Probearbeit.

Unser Weg führt vom Marmorpalais aus idyllisch am Seeufer des Heiligen Sees entlang zur Eremitage an der nördlichsten Spitze des Neuen Gartens. Linker Hand passieren wir dabei die Pyramide. Mit

Extravaganter Kühlschrank: Die Eiskeller-Pyramide

goldenen Ornamenten über der Tür und hieroglyphischen Wandverzierungen ist sie eines der kuriosesten Bauwerke im Neuen Garten. Umso profaner erscheint ihr Daseinszweck: Im Winter wurde Eis aus dem Heiligen See im etwa fünf Meter tiefen Keller der Pyramide eingelagert, um die Speisen für das Marmorpalais das ganze Jahr über kühl zu halten.

Bevor wir uns mit der Eremitage und der Muschelgrotte den nächsten Bauwerken zuwenden, lohnt sich ein kurzer Abstecher in den östlichsten Zipfel des Gartens. Von der Schwanenbrücke aus ergibt sich der schönste Blick auf den Park, mit dem Marmorpalais auf der einen und dem weißen Schloss der Pfaueninsel auf der anderen Seite. Die Schwanenbrücke führt über den Hasengraben, einen kleinen Kanal, der den Jungfernsee mit dem Heiligen See verbindet. Zu Zeiten von Friedrich Wilhelm II. gab es einen weiteren Kanal, den Behlertkanal, der den Heiligen See mit dem Bassin verband, das im Zuge der zweiten Stadterweiterung trockengelegt wurde und heute als Bassinplatz bekannt ist. Der Ansatz des Grabens ist heute noch direkt neben der Gotischen Bibliothek zu sehen. Über diesen Wasserweg konnten Personen und Material transportiert werden. Besonders wichtig war dies während der zweiten Potsdamer Stadterweiterung und dem damit einhergehenden Bau des Holländischen Viertels.

Folgt man dem Ufer des Jungfernsees Richtung Norden, passiert man bei gutem Wetter fast immer Besucher, die die Liegefläche des Neuen Gartens nutzen, um sich zu sonnen oder zu picknicken. Auch das macht den Neuen Garten aus: Er bietet neben formvollendeten Gartenarchitekturen und Blumenrabatten eine schöne, frei zugängliche Liegewiese. Auf der kleinen Landzunge „Am Quapphorn", die in die Havel ragt, stößt der Spaziergänger auf ein merkwürdig aussehendes kleines dunkles Häuschen – die Eremitage. Eremitagen oder Einsiedeleien dienten einst als Orte der Besinnung oder Andacht. Ab dem 18. Jahrhundert wurden Eremitagen jedoch auch als einfache Schmuckelemente in der höfischen Gartenbaukunst verwendet. Die Eremitage im Neuen Garten ist vollständig mit Eichenborke verkleidet. Auf Fenster wurde verzichtet, das Innere wird ausschließlich durch ein ovales Oberlicht erhellt. Das äußerlich schlicht anmutende Häuschen hatte indes einen überaus aufwendig mit Marmor, Holzvertäfelungen und kostbaren Statuen gestalteten Innenraum. Infolge des Mauerbaus wurde der Pavillon in den 1960er-Jahren abgetragen, da die deutsch-deutsche Grenze direkt durch die angrenzende Havelbucht verlief. Der Pavillon wurde 2007 wiederaufgebaut und fünf Jahre später erneut mit der charakteristischen Eichenborke verkleidet. Von der Innenausstattung konnten nur Teile gesichert und eingelagert werden.

Die Einsiedelei wurde mit Eichenborke verkleidet

Der weitere Weg am nördlichen Rand des Gartens entlang erlaubt nicht nur wunderschöne Blicke über den Jungfernsee, sondern bringt den Spaziergänger auch zum vielleicht bizarrsten Bauwerk dieses Parks. Wie es zu Zeiten Friedrich Wilhelms II. Mode war, ließ sich der König hier eine künstliche Grotte errichten. Von außen sollte das Gebilde so naturnah wie möglich erscheinen, um den Besucher erst beim Betreten der Höhle mit einer kostbaren und vollendeten Inneneinrichtung zu überraschen. Friedrich Wilhelm II. ließ die Crystall- und Muschelgrotte in einen künstlich aufgeschütteten Hügel hineinbauen. Sie sollte an heißen Sommertagen als angenehm kühler Aufenthaltsort dienen. Der Saal und die Kabinette im Innern wurden aufwendig mit Spiegeln, farbigen Glasarbeiten, Steinen, Mineralien, Kristallen und Muscheln ausgeschmückt. Für die Bewirtung wurde

Eine kupferne Eule krönt die Borkenküche

in unmittelbarer Nähe eine kleine Borkenküche angelegt, die seit 2012 wieder zu sehen ist. Schon nach dem Tod Friedrich Wilhelms II. geriet die Muschelgrotte in Vergessenheit, während der Teilung Deutschlands verfiel sie vollends. Erst nach der Wiedervereinigung wurde die Grotte wieder zum Leben erweckt. Seit 2003 wird die Restaurierung und Rekonstruktion der Fassade sowie der einst prunkvollen Innenräume durch den Förderkreis Muschelgrotte schrittweise vorangetrieben. Heute können sich Paare in der Muschelgrotte sogar trauen lassen und ihren Gästen damit ein verstecktes und noch immer wenig bekanntes Kleinod des Neuen Gartens offenbaren.

Die Muschelgrotte diente als sommerlicher Festsaal

Von der Muschelgrotte aus bietet sich nicht nur ein schöner Blick über den Jungfernsee, sondern auch über die weiten und freien Wiesenflächen des Neuen Gartens. Es braucht gar nicht so viel Fantasie, um sich die Graslandschaft als Weiden vorzustellen. In Abkehr zu den künstlichen Barockgärten sollte im Neuen Garten auch das ländliche Leben wiederentdeckt werden. Die Milch der hier weidenden Kühe wurde am nordwestlichen Zipfel in der eigens dafür eingerichteten Meierei zu Butter und Käse weiterverarbeitet. In herrschaftlichen Milchstuben und Teezimmern trafen sich zudem der König und sein Hofstaat. So erfüllte das Gebäude gleichzeitig wirtschaftliche und höfisch-repräsentative Funktionen. Repräsentativ ist vor allem die Lage der Meierei mit dem weiten Blick über den Jungfernsee.

Die Meierei ist heute eine Gaststätte

Auch hier kann man wieder die minutiös geplanten Sichtachsen bewundern, die Verbindungen zu den Parks in Sacrow und Klein-Glienicke schaffen. Ihr charakteristisches normannisches Aussehen bekam die Meierei erst nach mehreren Umbauten Mitte des 19. Jahrhunderts. Dabei wurde auch ein Pumpenhaus zur Bewässerung des Neuen Gartens eingerichtet.

Heute kann man den Blick von der Terrasse mit hausgebrautem Bier und deftiger Brauhausküche genießen. Die Tradition der Meierei als Gaststätte begann schon 1918, doch der Zweite Weltkrieg, die Besatzung durch die Rote Armee und der Bau der Berliner Mauer verwandelten das historische Gebäude in eine Ruine. Nach der friedlichen Revolution wurde die Meierei restauriert und als Brauerei und Gaststätte wiedereröffnet. Während wir den Blick über den Jungfernsee genießen und die An- und Abfahrten der Wassertaxis beobachten, verabschieden wir uns zunächst einmal von Friedrich Wilhelm II. und seinem Neuen Garten. Mit dem Schloss Cecilienhof haben wir noch ein wichtiges Bauwerk des Gartens vor uns, doch dieses 1917 fertiggestellte Schloss wurde lange nach seiner Zeit errichtet.

Schloss Cecilienhof und die Potsdamer Konferenz

Schloss Cecilienhof wirkt beim Näherkommen zunächst wie ein vornehmer englischer Landsitz. Das Schloss mit seinem Fachwerk aus Eichenholz, den

Schloss Cecilienhof
Im Neuen Garten 11
14469 Potsdam
Di–So 10–17.30 Uhr
0331 / 96 94 200
www.spsg.de

hellen Sandsteinfassaden und den Ziegelmauern passt sich wunderbar in den Landschaftsgarten ein. Der verwinkelte Baustil verschleiert dabei seine tatsächliche Größe. 176 Zimmer gruppieren sich um fünf Innenhöfe. Die auffälligen Schornsteine sind im Neu-Tudorstil gehalten, und keiner gleicht dem anderen. Im Zentrum liegt die große Wohnhalle, von der die Repräsentationsräume abgehen. Gebaut wurde es Anfang des 20. Jahrhunderts für den Ururenkel von Friedrich Wilhelm II., Kronprinz Wilhelm, und dessen Gemahlin Cecilie von Preußen, die dem Schloss seinen Namen gab. Schloss Cecilienhof ist der letzte Schlossbau der Hohenzollern und war als erstes Schloss in Potsdam für einen ganzjährigen Aufenthalt vorgesehen. Die privaten Bereiche für das Kronprinzenpaar befanden sich im Obergeschoss. Wilhelm verfügte über einen Rauchsalon, eine Bibliothek und ein separates Frühstückszimmer, für Cecilie wurden ein Musiksalon, ein Schreibzimmer und ein besonders aufwendig gestaltetes Kabinett im Stil einer Schiffskabine bereitgestellt.

Schloss Cecilienhof wurde vor allem als Schauplatz eines der wichtigsten Treffen der jüngeren Vergangenheit berühmt: der Dreimächtekonferenz von Berlin, heute besser bekannt als „Potsdamer Konferenz". Hier sollte die Welt nach dem verheerenden Zweiten Weltkrieg neu geordnet werden. Die Potsdamer Konferenz gilt somit symbolisch als Endpunkt des Zweiten Weltkriegs und führte übergangslos in die Zeit des Kalten Kriegs. Ursprünglich sollte die Kon-

Die Nordostfassade von Schloss Cecilienhof

Im Ehrenhof blüht ein roter Stern aus Geranien

ferenz in Berlin stattfinden, wurde jedoch wegen der dortigen schweren Kriegsschäden in das unversehrte Potsdamer Schloss verlegt. Der sowjetische Generalissimus Josef Stalin, US-Präsident Harry S. Truman, der britische Premierminister Winston Churchill, später abgelöst von seinem Nachfolger Clement Attlee, sowie weitere hochrangige Politiker der Siegermächte berieten über die Grenzziehungen in Europa, Reparationsleistungen, die Verwaltung des besetzten Deutschlands und den noch andauernden Pazifikkrieg.

Eigens für diese Versammlung wurde der noch heute zu sehende Rote Stern aus Blumen im Ehrenhof des Schlosses angelegt. Jeder der „Großen Drei" erhielt zudem ein Arbeitszimmer mit individuell für ihn zusammengestellten Möbeln. Für den amerikanischen Präsidenten wurde klassizistisches Inventar aus dem Marmorpalais bereitgestellt, Stalin bekam edle Ledersessel, einen wuchtigen Schreibtisch und ein großes Stalin-Porträt und die britischen Machthaber konnten sich an neogotischen Möbeln aus Schloss Babelsberg erfreuen. Wilhelm und seine Familie waren Ende des Zweiten Weltkriegs vor der Roten Armee nach Holland geflohen und hatten die Einrichtung in Cecilienhof zurückgelassen. Der kaiserliche Besitz wurde von der Roten Armee beschlagnahmt, in der alten Meierei zwischengelagert und ging am Ende bei einem Brand in Flammen auf. Die verbrannte Einrichtung wurde nach und nach durch Einzelstücke im Stil der Zeit ersetzt.

Der historische Konferenzsaal der Siegermächte

Heute erinnert eine Gedenkstätte mit dem historischen Konferenzraum und den nachgebildeten Arbeitszimmern von Truman, Stalin, Churchill und Attlee an das Zusammentreffen der alliierten Siegermächte. 1990 wurde das Schloss gemeinsam mit den Schlössern und Parks von Potsdam-Sanssouci und Berlin als Weltkulturerbe unter den Schutz der UNESCO gestellt. Heute wird es von der brandenburgischen Landesregierung für Empfänge genutzt. So fand dort 2008 das G8-Außenministertreffen statt, und auch Queen Elisabeth II. wurde 2004 im Schloss Cecilienhof empfangen.

Gedenk- und Begegnungsstätte Leistikowstraße

Wir bleiben auf den Spuren der Nachkriegsgeschichte und tauchen in ein dunkles Kapitel der Potsdamer Historie ein. Ein kurzes Stück noch geht es nach Süden durch den Neuen Garten, dann lassen wir diese einmalige Gartenlandschaft endgültig hinter uns und wenden uns nach rechts in die Leistikowstraße. Das leicht trostlose Aussehen des Hauses mit der Hausnummer 1 gibt – wie so oft – wenig von der Grausamkeit preis, die sich hinter seinen Mauern abspielte. Fast fünf Jahrzehnte lang wurden hier Häftlinge verhört, misshandelt, gefoltert und verurteilt – nicht selten zum Tode. In dem ehemaligen Pfarrhaus befand sich bis in die 1980er-Jahre das zentrale Untersuchungsgefängnis der sowjetischen Militärspionageabwehr. Das Gefängnis blieb größtenteils erhalten und erzählt so in beispielloser Weise von den oft unmenschlichen Haftbedingungen. Beobachtet wurden Soldaten und Offiziere, ihre Familien und alle Personen, die militärische Kontakte hatten. Es wurden Spione westlicher Geheimdienste und auch völlig Unbeteiligte festgenommen. Die Gefangenen litten unter Hunger, Kälte, Isolation und mangelnder Hygiene. Die Nutzung als Geheimdienstgefängnis endete erst mit dem Zerfall des sowjetischen Geheimdienstes KGB 1991.

Das umliegende Villenviertel wurde zum abgeschotteten Geheimdienstareal und ging als „Militär-

Gedenk- und Begegnungsstätte Leistikowstraße Potsdam
Leistikowstraße 1
14469 Potsdam
Apr.–Okt.
Di–So 14–18 Uhr
(Gruppenführungen ab 10 Uhr)
Nov.–März
Di–So 13–17 Uhr
(Gruppenführungen ab 10 Uhr)
0331 / 20 11 540
www.leistikowstrasse-sbg.de

städtchen Nr. 7" in die Potsdamer Geschichte ein. Die „verbotene Stadt" verfügte über ein eigenes Post- und Telefonsystem sowie Einkaufsmöglichkeiten für Lebensmittel, Haushaltswaren und Bekleidung. Es gab Werkstätten und Krankenhäuser, Kinos, Saunen, eine Bibliothek, Gästehäuser und ein Hotel. Die Stadt in der Stadt war so nahezu autark. Das Sperrgebiet am Neuen Garten war einer der letzten Standorte, die von den russischen Truppen aufgegeben wurden. 1994 wurde das Gelände offiziell an die Stadt Potsdam übergeben. Erst im Nachgang wurde die Geschichte des Gefängnisses und des Militärstädtchens in der Öffentlichkeit bekannt. Eine eindrückliche Dauerausstellung zeigt seit 2012 die Geschichte des Gebäudes und die Schicksale der Häftlinge. Wie viele Menschen in diesem Gebäude insgesamt gefangen gehalten und verurteilt wurden, ist bis heute nicht bekannt.

Potsdams schönste Aussicht

Nach so vielen bedrückenden und berührenden Eindrücken von Nachkriegswirren, emotionalen Schicksalen und düsterer Potsdamer Geschichte, braucht es einen Ort, um die Gedanken zu sammeln. Durch den Pfingstbergpark geht es in Serpentinen langsam bergauf. Er dient als Verbindung zwischen Neuem

Das Belvedere bietet einen schönen Rundumblick

Garten und Pfingstberg und wurde ebenfalls von Potsdams eifrigstem Gartenbauer Peter Joseph Lenné gestaltet. Der wunderschöne Spaziergang auf die Anhöhe, die mit 76 Metern eine der höchsten Potsdams ist, gibt Zeit, die erlebten und betrachteten Dinge zu sortieren und in das persönliche Potsdamer Gesamtmosaik einzuordnen. Als kleinen Vorgeschmack auf das imposante Gipfelgebäude erreicht man zunächst den Pomonatempel. Der kleine Teepavillon ist der Erstling des später besonders durch die St. Nikolaikirche berühmt gewordenen Architekten Karl Friedrich Schinkel. Der römischen Göttin Pomona zu Ehren wurde er in Form eines griechischen Tempels errichtet. Heute finden im Innern des ehemaligen Teepavillons Kunstausstellungen statt.

Die Dachterrasse kann für private Feiern angemietet werden

Das eindrucksvolle Hauptgebäude des Pfingstbergs erhebt sich direkt hinter Schinkels Pavillon: das Belvedere. Wie eine überdimensionierte italienische Villa thront die Doppelturmanlage mit ihren großzügigen Säulengängen auf der Erhebung. Die hellen Sandsteinfassaden leuchten Besuchern entgegen. Die vollendete Symmetrie des Gebäudes hält den Blick gefangen und lässt ihn über die zwei Aussichtstürme, den Arkadengang und die seitlichen Kolonnaden wandern. Im Innern des Prachtbaus liegt ein großes Wasserbecken, das auch heute noch aus dem Pumpenhaus der Meierei im Neuen Garten gespeist wird und als Reservoir für die Wasserspiele im Neuen Garten dient. Aus dem Innern führen Freitreppen auf die mit zwei geflügelten Pferden geschmückte Dachterrasse und weiter zu den Kolonnaden. Von den aufwendig geschmückten Kabinetten am Ende der Säulengänge führen gusseiserne Wendeltreppen auf die Türme hinauf. Das Maurische Kabinett im Ostturm ist mit farbigen und teils vergoldeten Fliesen geschmückt, das Römische Kabinett im Westen zeigt aufwendige Wandmalereien auf rotem Grund. Die Kabinette sind durch einen Arkadengang miteinander verbunden.

Wasserbecken im Innern des Belvedere

Belvedere Pfingstberg
Am Pfingstberg
14469 Potsdam
Apr.–Okt.
tgl. 10–18 Uhr
März–Nov.
Sa, So 10–16 Uhr
0331 / 20 05 79 30
www.pfingstberg.de

Das Belvedere nimmt für sich in Anspruch, „Potsdams schönste Aussicht“ zu bieten. Und fast jeder, der sich über die Wendeltreppen auf einen der mächtigen Türme vorgewagt hat, wird dem zustimmen.

Der weite, unverstellte Blick über Potsdams urbanes Herz und die umliegenden Wälder und Gewässer ist unvergleichlich. Wenn man dieses imposante Prunkgebäude betrachtet, fällt es schwer, zu glauben, dass es nicht vollendet wurde und nie die Ausmaße des ehemals geplanten Bauwerks erreichte. 1847 wurde der Bau von Friedrich Wilhelm IV., dem „Romantiker auf dem Thron", beauftragt. Der König war ein begeisterter Fan italienischer Architektur und plante das Belvedere auf dem Pfingstberg als Schloss mit Aussichtsterrassen und weitläufigen Salons. Er sollte die Fertigstellung jedoch nicht mehr erleben. Nach seinem Tod wurde das Belvedere von seinem Bruder Wilhelm I. als kaum bewohnbares Fragment abgeschlossen.

Kolonnaden führen zu den zwei Türmen des Belvedere

Die königliche Familie nutzte es in den Folgejahren für ihre Teestunden. Um das Belvedere mit dem zweiten Teesalon der Umgebung, dem Pomonatempel, zu verbinden, musste Gartenkünstler Lenné tief in die Trickkiste greifen. Durch einen halbrunden Laubengang bettet er den asymmetrisch zum Belvedere stehenden Tempel in das Gesamtensemble ein. Auch dieses Gesamtkunstwerk kann man am besten von einem der Türme aus betrachten. Mit dem Pfingstbergpark hat der General-Gartendirektor der königlich-preußischen Gärten eines seiner Meisterstücke abgeliefert. Je nach Jahres- und Tageszeit bieten der Pfingstberg und der ihn umgebende Park immer neue, reizvolle Ansichten. Der frühe Morgen bringt ein gewaltiges Vogelkonzert mit sich, in der Mittagshitze scheint das Wasser im Bassin zu flimmern, die Abendsonne vergoldet die Türme des Pfingstbergs, und bei einer Mondscheinführung im Vollmond zeigt sich das Gebäude von seiner romantischen und geheimnisumwitterten Seite. Auch hier legte Lenné seine malerischen Sichtachsen an, sodass Pfaueninsel, Casino und Schloss Glienicke, Schloss Babelsberg mit dem Flatowturm sowie Nikolaikirche und Potsdamer Innenstadt vom Pfingstberg aus entdeckt werden können.

Das Belvedere bietet viele Stellen zum Verweilen

Im Verlauf der Geschichte zeigte sich allerdings, dass die spektakuläre Aussicht nicht immer von Vorteil war. Wegen der guten Sicht auf die innerdeutschen Grenzanlagen und das sowjetische Militärstädtchen wurde das Belvedere mit dem Mauerbau gesperrt. Alle Hinweise und Wegweiser auf das Belvedere wurden entfernt, in den 1980er-Jahren verschwand es sogar vom Potsdamer Stadtplan. Doch die Potsdamer strichen ihr Pfingstberg-Ensemble nicht einfach so aus ihrem Gedächtnis. Fotos von Zeitzeugen belegen, dass das verbotene Terrain von vielen Menschen weiterhin besucht wurde. Schon Ende der 1980er-Jahre gründete sich eine Arbeitsgemeinschaft, deren Mitglieder die Parkanlage nach und nach von Gestrüpp befreiten und die Wege wieder freilegten. Seit der friedlichen Revolution kümmert sich der Förderverein Pfingstberg darum, dass Gebäude und Gelände mithilfe von Spenden wieder-aufgebaut und saniert werden.

Ein russisches Dorf im Herzen Preußens – die Kolonie Alexandrowka

Aparte altrussische Baukunst in der Alexandrowka

Wir wagen den Abstieg vom Pfingstberg in Richtung Südwesten. Über gemütliche Waldwege geht es teils steil bergab am Jüdischen Friedhof vorbei zum Kapellenberg. Hier taucht eine kleine Lichtung zwischen dem Dickicht auf und offenbart ein schmuckes rosafarbenes Gebäude mit fünf runden Türmchen, deren Dächer in der charakteristisch russischen Zwiebelform gestaltet sind. Es handelt sich um die russisch-orthodoxe Alexander-Newski-Gedächtniskirche. Der kleine Kirchenbau verbindet beispiellos die preußisch-klassizistische mit der traditionellen russischen Architektur. Friedrich Wilhelm III. wollte damit ein Symbol für die enge Freundschaft zwischen Preußen und Russland erschaffen. Die Kirche wurde 1829 fertiggestellt und bildete damit den Abschluss der Bauarbeiten für die Kolonie Alexandrowka, die der krönende Schlusspunkt unserer heutigen Wanderung sein wird.

Etwa 300 Meter südlich der Kirche beginnt das Gelände des kleinen russischen Dorfes. Nach der verheerenden Niederlage Napoleons im Russlandfeldzug des letzten Koalitionskriegs 1812 feierten Friedrich Wilhelm III. und Zar Alexander I. ihren gemeinsamen Sieg. Der Zar überließ daraufhin 62 russische Sänger und ehemalige Kriegsgefangene der Obhut Preußens. Als der Zar 1825 starb, waren noch zwölf Sänger am preußischen Hof. Für sie und zum Gedenken an seinen verstorbenen Freund ließ Friedrich Wilhelm III. die 13 Holzhäuser im russischen Stil anlegen. 1827 zogen die neuen Bewohner in die vollständig möblierten Anwesen ein, jeder Haushalt bekam eine Kuh geschenkt. Aus der Luft bildet die Kolonie ein perfektes Andreaskreuz, eine Ehrerbietung für einen der wichtigsten Heiligen der russischen Kirche, den Apostel

Museum Alexandrowka
Russische Kolonie 2
14469 Potsdam
Öffnungszeiten saisonal
0331 / 81 70 203
www.alexandrowka.de

Russisches Kolonistenhaus

Andreas. Zudem war der heilige Andreas auch auf dem Wappen des Zaren abgebildet. Der außergewöhnliche Entwurf der Kola ist dem nimmermüden Geist von Gartenkünstler Lenné entsprungen. Auch die Gartenanlagen wurden von ihm geplant und sollten eine besondere Atmosphäre für Musik und Muße bieten.

Ein Plan, der auch knapp 200 Jahre nach der Fertigstellung der Kolonie Alexandrowka noch immer ohne Einschränkung aufgeht. Ein Spaziergang durch das heimelige russische Dorf mit seinen pittoresken Holzhäusern versetzt den Besucher in eine andere Welt. Zwar sind viele der Häuser mittlerweile normale Wohnhäuser, doch die Atmosphäre des Dörfchens ist dennoch außergewöhnlich. Auf den Streuobstwiesen

Historische Obstpflanzungen in der Alexandrowka

der Siedlung wachsen heute etwa 600 verschiedene historische Obstsorten, und im gemütlichen Gartencafé des Museums der Kolonie kann man einen genaueren Blick auf die großzügigen Gärten hinter den russischen Blockhäusern werfen. Spätnachmittags mit Blick auf die Streuobstwiesen in der Sonne zu sitzen und sich Kaffee und Kuchen schmecken zu lassen kommt dem Paradies schon ziemlich nah. Doch auch ein Besuch im Museum selbst lohnt sich und ermöglicht Einsichten in die besondere Geschichte und Architektur der Kolonie. Wer noch mehr Köstlichkeiten der Zarenzeit probieren möchte, findet in Haus Nr. 1 eine original russische Teestube und ein Restaurant und kann sich Bliny, Pelmeni und vieles andere schmecken lassen.

Abreise
Haltestelle „Potsdam, Am Schragen / Russische Kolonie“
Bus 604, 609, 638, 697
Haltestelle „Potsdam, Am Schragen“
Tram 92, 96

2. Tag:

Das Potsdam der Schlösser

Vormittag

Park und Schloss Sanssouci

Die berühmten Sichtachsen, die sich durch Potsdams gesamtes Stadtbild ziehen, erreichen im Park Sanssouci ihre Vollendung. Durch sie wird der Blick immer wieder auf neue architektonische oder gartenbauliche Prachtwerke gelenkt. Doch die rund 300 Hektar große Parkanlage bietet auch kleine Schätze, die dem Blick nicht direkt preisgegeben werden, wie zum Beispiel die wunderschöne Neptungrotte am östlichen Ende des Gartens. So ist eine Erkundung dieses friderizianischen Gesamtkunstwerks wie eine Schatzsuche, um jedes noch so versteckte Kleinod dieses wundervollen Areals zu entdecken.

Park Sanssouci

Anreise
Haltestelle „Potsdam, Luisenplatz-Nord / Park Sanssouci"
Bus 614, 650, 692, 695, 697
Haltestelle „Luisenplatz-Süd / Park Sanssouci"
Tram 91, 94, 98 oder Bus 605, 606, 610, 631

Im Park Sanssouci verknüpfen sich die Leben des berühmten Friedrich des Großen und seines Urgroßneffen Friedrich Wilhelm IV. Beide prägten die Anlage in ihrem jeweils zeitgenössischen Stil und schufen mit den besten Baumeistern und Gartenkünstlern ihrer Zeit ein beeindruckendes Gesamtkunstwerk, das auch heute nichts von seinem Charme eingebüßt hat. Das Herzstück der Anlage ist Schloss Sanssouci, das oberhalb der Weinbergterrassen thront. Hier lebte und residierte Friedrich der Große, einer der größten deutschen Feldherren, in dessen Regierungszeit Preußen zur Großmacht aufstieg. Auf seinen legendären Banketten und Feiern tummelte sich alles, was Rang und Namen in der Welt hatte, zahlreiche Legenden und Anekdoten nahmen hier ihren Anfang.

Spaziert man den schnurgeraden Weg entlang auf das Schloss zu, vorbei an den Wasserläufen zu beiden Seiten, erreicht man das Französische Rondell und bekommt einen ersten Eindruck der Raffinesse, mit der diese Parkanlage gebaut wurde. Zur Linken fällt der Blick auf das imposant-repräsentative Neue Palais, zur Rechten kann man den Obelisken an der Ostseite des Gartens ausmachen. Das Französische Rondell selbst ist eine würdige Eingangspforte zum Schloss. Zwölf marmorne Statuen umrunden ein Wasserbassin. Sie zeigen acht Götterfiguren und figürliche Darstellungen der vier Elemente. Friedrich II. investierte viel Geld in das Fontänensystem für das Rondell, doch es scheiterte an der Unkenntnis seiner Baumeister. Es war ihnen nicht möglich, das Wasser aus einem Hochbecken auf dem Ruinenberg mit

genügend Druck hinunter zum Wasserbecken zu leiten. Ein einziges Mal konnte sich der König an einer kräftigen Wasserfontäne erfreuen. In einem schneereichen Winter hatten Arbeiter unablässig Schnee in das Hochbecken geschippt, sodass die Fontäne, als der Schnee rund um Ostern schmolz, fast eine Stunde lang funktionierte. Als der Wasserstrahl schließlich in sich zusammenfiel, soll der König wutentbrannt gerufen haben: „Wer hat das befohlen?" Erst 100 Jahre später ließ Friedrich Wilhelm I. den Wunsch seines großen Vorfahren wahr werden. Eine von August Borsig erbaute, über 80 PS starke Dampfmaschine ging in Betrieb und ließ den Wasserstrahl der „Großen Fontäne" auf 38 Meter steigen. Eigens für diese Maschine wurde an der Havelbucht ein Pumpenhaus nach Art einer türkischen Moschee gebaut.

Mittelpunkt der Parkanlage: Schloss Sanssouci

Die „Moschee von Potsdam" kann nach Voranmeldung besichtigt und die historische Dampfmaschine in Betrieb erlebt werden

Französisches Rondell mit Wasserspielen

Schloss Sanssouci

Hinter dem Wasserbassin beginnen die terrassierten Weinberge, die Friedrich II. eigens für sein „Weinbergschloss" errichten ließ. Sie dienten dem Anbau von Pflaumen, Feigen und Weintrauben und zeigen einen heute eher in Vergessenheit geratenen Charakterzug des Gartens: Park Sanssouci sollte keineswegs nur der Zierde dienen. Friedrich II. legte großen Wert auf eine Verbindung von Kunst und Natur und ließ das Areal als Zier- und Nutzgarten anlegen. Zu Zeiten Friedrichs II. standen im Park Sanssouci fast 3000 Obstbäume, und in den Treibhäusern wurden Orangen, Melonen, Pfirsiche und Bananen angebaut. Die Verbundenheit mit der Natur zeigt sich auch in nahezu allen Bauwerken, die Friedrich II. errichten ließ. Die Innenräume richtete er nach seinem Geschmack ein und ignorierte dabei häufig den aktuellen Zeitgeist. So schuf er seine ganz eigene Interpretation des Rokoko, das friderizianische Rokoko. Charakterisiert wird es unter anderem durch die Darstellungen der Natur im Innern seiner Schlösser und Bauten.

Park Sanssouci wird wieder für Obstanbau genutzt

Begonnen haben soll die Geschichte des berühmtesten Hohenzollernschlosses dem Mythos nach als krakelige Skizze Friedrichs II. auf einem Blatt Papier. Der König nahm seine Bauvorhaben gern persönlich in die Hand. Mit seinem Haus- und Hofarchitekten Georg Wenzeslaus von Knobelsdorff soll er sich manchen Disput geleistet haben. So verzichtete er aus Kostengründen auf eine Unterkellerung des Schlosses und nahm lieber feuchtes Parkett und kalte Füße in Kauf. Auch ein weiteres Geschoss, welches das Schloss vom Fuß der Weinbergterrassen aus repräsentativer hätte erscheinen lassen, lehnte er kategorisch ab. So erscheint Sanssouci ein wenig gedrungen, wenn man es von unten betrachtet. Realisiert wurde das Bauwerk von Friedrich Wilhelm Dieterichs und Jan Bouman, der von Friedrichs Vater für die Erbauung des Holländischen Viertels nach Potsdam geholt worden war. 1747, nach nur zwei Jahren Bauzeit, wurde Sanssouci eingeweiht.

Schloss Sanssouci
Maulbeerallee
14469 Potsdam
Apr.–Okt.
Di–So 10–17.30 Uhr
Nov.–März
Di–So 10–16.30 Uhr
0331 / 96 94 200
www.spsg.de

Einen Gutteil seiner Einzigartigkeit verdankt das Schloss seinem Bewohner und den Spuren, die der wohl berühmteste preußische Monarch unübersehbar in Sanssouci hinterlassen hat. Die vielfältige Persönlichkeit Friedrichs des Großen fasziniert Historiker noch heute. Auf der einen Seite ein frankophiler Feingeist, der den Grundstein für ein modernes Bildungssystem legte und die Folter abschaffte, ein begabter Flötenspieler und Komponist, ein viel zitierter Philosoph in seinem Staate, „in dem jeder nach seiner Fasson selig werde". Auf der anderen Seite ein kampferprobter Feldherr, der das Königreich Preußen als Großmacht etablierte, ein preußischer Sturkopf, der seine ganz eigenen Vorstellungen, auch wenn sie von den gängigen Normen abwichen, in Architektur und Einrichtung einbrachte und so das friderizianische Rokoko schuf. Kein anderes Bauwerk charakterisiert Friedrich den Großen so ganzheitlich wie sein „Weinberghäuschen".

Der berühmteste der Preußenkönige: Friedrich II.

Am Gipfel des Weinbergs angekommen, kann der Besucher das Schloss in aller Ruhe auf sich wirken lassen. Zwischen großen Rundbogenfenstern stützen 36 Figuren das Gebälk und geben der Südseite so ein verspieltes Aussehen. In der Mitte prangt der berühmte Schriftzug „sans, souci". Zur Rechten des Schlosses ließ Friedrich schon zur Erbauungszeit seine Gruft anlegen. Er wollte ohne feierlichen Pomp nahe seinem geliebten Schloss beigesetzt werden. Es

Sanssoucis verspielte Südseite

Friedrichs II. Grab neben Schloss Sanssouci

dauerte jedoch noch bis 1991, bis er hier seine letzte Ruhe fand. Friedrich Wilhelm II., Neffe und Nachfolger von Friedrich II., befolgte die Anweisungen seines Onkels nicht und ließ dessen Sarg in der Gruft der Potsdamer Garnisonkirche aufstellen. Als die Garnisonkirche niederbrannte, wurde sein Sarg gerettet und kam schließlich auf die Burg Hohenzollern bei Hechingen. Erst nach der Deutschen Einheit wurde der Sarg, zum 205. Todestag Friedrichs II., in der Gruft in Sanssouci beigesetzt.

Der Eingang des Schlosses befindet sich an der Nordseite. Ein Ehrenhof mit einer Kolonnade aus korinthischen Säulen sorgt für einen imponierenden ersten Eindruck, der den intimen Charakter des

Blick vom Ehrenhof auf den Ruinenberg

Schlosses verschleiert. Denn Sanssouci ist durch und durch ein Lustschloss, in dem Krieg und Regierungsgeschäfte außen vor bleiben sollten. Schon im Vestibül wird dies immer wieder betont. Weinranken schmücken den Übergang zum Deckengemälde, welches Pomona, die Göttin des Obstsegens zeigt. Eine Statue des Kriegsgottes Ares hat die Waffen niedergelegt, zu seinen Füßen spielt Amor. Vom Vestibül geht es in den Marmorsaal, den am aufwendigsten geschmückten Raum des Schlosses. Der Saal wird durch ein Oberlicht erhellt. Säulen aus Carrara-Marmor und ein Marmorfußboden, mit Weinranken und anderen Pflanzen verziert, sollten seine Gäste beeindrucken. Hier wurden rauschende Feste gefeiert und Friedrichs II. legendäre Tafelrunden abgehalten, bei denen der französische Philosoph Voltaire ein gern gesehener Gast war.

Geschenk des französischen Königs Ludwigs XV.: Marmorskulptur

In einer Linie mit dem Marmorsaal finden sich das Audienzzimmer, der Konzertsaal, das persönliche Arbeits- und Schlafzimmer Friedrichs II. und die Gästewohnungen. Diese bilden eine Enfilade, sodass man durch alle Zimmer hindurchblicken kann. Die Bibliothek liegt außerhalb der Enfilade. Sie enthält fast 2000 Bände in französischer Sprache, darunter Werke der klassischen antiken Dichtung und der zeitgenössischen französischen Literatur. Insgesamt hatte Friedrich II. sechs Bibliotheken in seinen verschiedenen Schlössern, die teilweise identische Werke beinhalteten. Die Bücher aus der Bibliothek in Sanssouci sind in rotes Ziegenleder gebunden und tragen ihrem Standort entsprechend ein V für „vigne" (Weinrebe). Zugang zur Bibliothek hatten nur Friedrich II. und sein Kammerdiener, damit war sie der einzige private Raum in Schloss Sanssouci. Denn auch zu Zeiten Friedrichs II. konnte das Schloss schon besichtigt werden, sogar sein Arbeits- und Schlafzimmer durften Besucher sehen.

Barockelemente prägen Schloss Sanssouci

Dieser Raum wurde nach dem Tod Friedrichs II. von seinem Nachfolger Friedrich Wilhelm II. renoviert und im Stil des Klassizismus eingerichtet. Heute ist der hellgrüne Sterbesessel Friedrichs II. wieder in diesem Raum zu besichtigen. Friedrich Wilhelm IV., ein großer Bewunderer seines Vorfahren, bezog im

Die Tafelrunde Friedrichs II. (A. von Menzel, 1850)

19. Jahrhundert mit seiner Frau die ehemaligen Gästezimmer auf der Westseite. Seit 1873 wurde Sanssouci nicht mehr bewohnt. Kaiser Wilhelm I. stellte das Schloss samt Inventar schließlich musealen Zwecken zur Verfügung. Es gehört damit zu den ältesten Schlossmuseen in Deutschland.

Ein viel benutzter Raum zu Zeiten Friedrichs II. war der Konzertsaal. Fast jeden Abend lauschte der König Konzerten oder spielte selbst auf der Querflöte. Das friderizianische Rokoko findet sich überall im Schloss wieder. Vergoldete Ornamente zeigen Weinreben, Spinnennetze, Hunde bei der Hasenjagd oder angelnde Kinder. Das Voltairezimmer, das der Philosoph und enge Freund Friedrichs II. jedoch wohl nie bewohnte, zeigt bunten Blumenschmuck, Vögel und ein Äffchen auf gelb lackiertem Grund. Was man im Schloss vergeblich sucht, sind die Gemächer der Königin. Friedrichs Gemahlin Elisabeth Christine war in seinem Lustschloss nicht erwünscht. Nach seiner Frankreich-Eskapade und der Enthauptung seines besten Freundes, war die Vernunftehe mit Elisabeth Christine von Braunschweig-Wolfenbüttel-Bevern der Preis, den Friedrich II. für seine Freiheit bezahlen

Der Sterbesessel Friedrichs des Großen ist wieder zu sehen

Die Gästezimmer wurden kunstvoll ausgestaltet

musste. Am Tag der Hochzeit werde es eben eine unglückliche Prinzessin mehr auf der Welt geben, soll er zu seiner Schwester über die Hochzeit gesagt haben. Statt der Gemächer der Königin folgen drei kunstvoll gestaltete Gästezimmer. Sie zeigen subtil, wie Friedrich II. es verstand, Preußens Wirtschaft zu stärken. Er ließ Seide und Porzellan herstellen und machte den Staat damit unabhängiger von ausländischen Importen. Die Königliche Porzellanmanufaktur, die er 1763 gründete, gibt es noch heute.

Der Name Sanssouci – ohne Sorge – kann durchaus als Wunsch an sein Refugium verstanden werden. Insgesamt hat Sanssouci nur zwölf Räume, ein

Im Konzertsaal spielte der König oft die Querflöte

Würdiger Platz für Gäste: Die Neuen Kammern

bescheidenes Schloss, das den Charakter der privaten Residenz unterstreicht. Friedrich II. bewohnte das Schloss meist von April bis Oktober, die Wintermonate verbrachte er im Potsdamer Stadtschloss. Auch seinen Gästen gefiel das „Vigne“ auf dem Weinberg, sodass es bald eng im Schloss wurde. Die Gästezimmer reichten nicht mehr aus, sodass Friedrich II. befahl, die nebenan gelegene Orangerie in ein Gästeschloss umzuwandeln – die Geburtsstunde der Neuen Kammern.

Bildergalerie und Neue Kammern

Schloss Sanssouci wird flankiert von der 1764 errichtete Bildergalerie sowie den 1774 erbauten Neuen Kammern. Zusammen bilden sie mit ihren hellgelben

Außen schlicht, innen pompös: Die Bildergalerie

Fassaden und Kuppeln ein stimmiges Gesamtensemble. Äußerlich eher schlicht, erwarten den Besucher in beiden Gebäuden kostbare Ausstattungen und imposante Raumkompositionen. Weiß und gelb gemusterte Marmorfußböden, antike und barocke Skulpturen und Darstellungen der Künste und Wissenschaften in den Stuckarbeiten bilden ein einzigartiges Kunstwerk. Die Bildergalerie ist der älteste noch erhaltene Galeriebau Deutschlands. Friedrich II. stellte hier seine beachtliche Sammlung von Gemälden flämischer und holländischer Barockmalerei und italienischer Renaissancekunst aus. Fast 180 Gemälde fasste die Bildergalerie im 18. Jahrhundert. Heute können noch rund 140 Werke besichtigt werden.

Auch die Neuen Kammern wurden bei ihrem Umbau zum Gästeschloss hochwertig ausgestattet. Hierbei sticht besonders der Jaspissaal hervor, der mit antiken Büsten geschmückt und mit edlem Jaspis ausgekleidet wurde. In der Ovidgalerie finden sich vergoldete Wandelemente, die Szenen aus den Metamorphosen des römischen Dichters Ovid zeigen, einem der Lieblingswerke Friedrichs des Großen. Zwei der Gästezimmer beeindruckten ihre Bewohner mit kunstvoller Intarsienvertäfelung. Besonders beliebt war das Grüne Lackkabinett, ein zu dieser Zeit in der neuesten Mode ausgestatteter Raum. 1924 wurden die Neuen Kammern als Museum eröffnet.

Jupiter und Danae aus Ovids Metamorphosen

Porträtmedaillon im Grünen Lackkabinett

Ruinenberg mit Normannischem Turm

An der historischen Mühle vorbei geht es zum Ruinenberg. Ein kurzer Fußmarsch führt den Spaziergänger zu der in 74 Metern Höhe liegenden Komposition aus einer künstlichen Tempelruine und dem Normannischen Turm. Das Arrangement aus Säulen, einem Rundtempel und einer Ruinenwand, die einem antiken Theater nachempfunden ist, diente als Schmuck für das von Friedrich II. angelegte Wasserreservoir. Dieses Becken sollte zur Bewässerung der Fontänen im Park Sanssouci genutzt werden. Durch ein Röhren-

Antikisierende Staffage auf dem Ruinenberg

23 Meter hoher Normannischer Turm mit Theaterwand

system sollte das Wasser in den Park hinabströmen und die Fontänen durch seinen Eigendruck zum Sprudeln bringen. Die Konstruktion funktionierte jedoch nicht, und Friedrich II. gab das Projekt 1780 endgültig auf. Friedrich Wilhelm IV. fügte dem Ruinenberg-Ensemble Mitte des 19. Jahrhunderts den Normannischen Turm hinzu, der ein Teezimmer beinhaltete und als Belvedere genutzt werden konnte. Der Rundumblick reicht vom Pfaueninsel-Schloss über den Park Sanssouci bis zur Wilhelmshöhe bei Werder.

Orangerieschloss

Wir verbleiben bei dem zweiten Hohenzollernherrscher, der Sanssouci und die Umgebung prägte, und begeben uns vom Ruinenberg zum Orangerieschloss, das von Friedrich Wilhelm IV. in Auftrag gegeben wurde. Dieses Mitte des 19. Jahrhunderts erbaute Schloss ist das letzte und größte im Park Sanssouci errichtete Schlossgebäude. Das im Stil der italienischen Renaissance erbaute Schloss zeugt von der Italienliebe des „Romantikers auf dem Thron". Von einer Reise brachte er zahlreiche Zeichnungen und Reiseeindrücke mit, und er begann, Sanssouci und die Potsdamer Landschaft mit italianisierten Bauwerken zu verschönern. Zu Ehren seines Vorfahren Friedrich II. plante Friedrich Wilhelm IV. eine monumentale Triumphstraße. Dafür sollten auch eine Tempelanlage, ein Amphitheater und verschiedene Bogenbücken entstehen. Das Projekt verzögerte sich

Orangerieschloss
An der Orangerie 3-5
14469 Potsdam
Apr.–Okt.
Di–So 10–17:30 Uhr
0331 / 96 94 200
www.spsg.de

und wurde aufgrund der Märzrevolution 1848 und der Erkrankung des Königs nie vollendet. Das Orangerieschloss kündet jedoch noch heute von den großen Plänen des Königs.

Das Orangerieschloss wurde nach Skizzen Friedrich Wilhelms gestaltet

Die Ansicht des imposanten Schlosses mit seinen großzügigen Terrassenanlagen, südländischen Kübelpflanzen und Blumen lassen die Italiensehnsucht Friedrich Wilhelms IV. schnell auf den Besucher überspringen. Auch das Innere des Schlosses steht ganz im Zeichen Italiens. Im imposanten Raffaelsaal sind Kopien von Gemälden des berühmten italienischen Renaissancemalers Raffael ausgestellt. Sehenswert sind auch die Wohnräume des Schlosses, unter anderem das Lapislazuli-, das Malachit- oder das als Porzellankabinett ausgestaltete Bernsteinzimmer. Das klassizistische Inventar hat Kriege und Plünderungen fast unbeschadet überstanden und ist noch nahezu im Originalzustand zu besichtigen.

Klausberg

Westlich des Orangerieschlosses blitzt ganz Potsdam-typisch schon das nächste Bauwerk am Ende einer langen Allee auf: das Belvedere auf dem Klausberg.

Stibadium mit farbigen Vasen im Botanischen Garten

Wer mag, kann auf dem Weg einen kleinen Abstecher auf das Gelände der ehemaligen Hofgärtnerei von Sanssouci machen. Hier wurden schon zu Zeiten Friedrichs II. Früchte und Gemüse für die königliche Tafel und Blumen für die Schlossanlage angepflanzt. Friedrich Wilhelm IV. ließ den Garten Mitte des 19. Jahrhunderts von Lenné erweitern und um Kleinarchitekturen wie das Stibadium und eine Wasserkaskade ergänzen. Die Universität Potsdam wandelte das Gelände in den 1950er-Jahren in einen Botanischen Garten um.

Vollendete Symmetrie des Belvedere auf dem Klausberg

Auch der Klausberg diente ursprünglich der Versorgung des königlichen Hofs. Hier wurden unter anderem Pfirsiche und Aprikosen angepflanzt. Der eigens für den Weinanbau angestellte Winzer schaffte es jedoch nicht, die Trauben zu kultivieren. Daher stand auch das für ihn erbaute Drachenhaus lange leer. Kurz bevor man das Belvedere erreicht, findet man linker Hand das in Form einer chinesischen Pagode erbaute Gebäude. Die Ecken der Dächer wurden auf zwei von vier Etagen mit 16 vergoldeten Drachenfiguren geschmückt. Seit 1934 wird das Drachenhaus gastronomisch genutzt. Folgt man weiter dem Weg, erreicht man schließlich das Belvedere auf dem Klausberg. Zwei große geschwungene Treppen verbinden die Etagen des Belvedere, die beide mit je 20 Säulen geschmückt sind. Der Bau wurde auf Befehl Friedrichs II. nach Plänen von Georg Christian Unger errichtet. Es war das erste gemauerte Belvedere der damaligen Zeit und zugleich das letzte im friderizianischen Zeitalter errichtete Bauwerk mit Beziehung zum Park Sanssouci. Das Belvedere auf dem Klausberg begründete die Tradition architektonisch gestalteter Aussichtspunkte in Potsdam. Seit 2011 werden aus der Traubenernte am Klausberg Weine gekeltert und zugunsten des Wiederaufbaus des Weinbergs verkauft.

Neues Palais

Nach dem Abstieg vom Klausberg nähern wir uns dem wohl feudalsten und prunkvollsten Gebäude im Park Sanssouci: dem Neuen Palais. Die Dreiflügelanlage mit einer Frontlänge von 220 Metern und einer mächtigen 55 Meter hohen Kuppel ist ein einschüchternder und Ehrfurcht gebietender Anblick. Genau das war auch das Ziel des Erbauers: Friedrich II. wollte mit dem Gästeschloss die Macht und Stärke Preußens demonstrieren. So bezeichnete er es auch als „Fanfaronade" (Prahlerei). Das Neue Palais gilt als letzte bedeutende barocke Schlossanlage in Preußen und als eines der Hauptwerke des friderizianischen Rokoko. Es sollte das ungebrochene Leistungsvermögen Preußens nach dem Siebenjährigen Krieg demonstrieren und war das letzte Schloss, das Friedrich der Große in seinem Park errichten ließ. Das Schloss mit über 900 Zimmern wurde in der Rekordzeit von gerade einmal sechs Jahren gebaut.

Im Innern finden sich prächtige Festsäle und Gale-

Parkansicht des Neuen Palais

Neues Palais
Am Neuen Palais
14469 Potsdam
Apr.–Okt.
Mi–Mo 10–17.30 Uhr
Nov.–März
Mi–Mo 10–16.30 Uhr
0331 / 96 94 200
www.spsg.de

rien, ein eigenes Barocktheater und kostbar ausgestattete Gästeappartements. Die größte Attraktion ist der außergewöhnlich gestaltete Marmorsaal. Der Fußboden des 600 Quadratmeter großen Raumes ist aus Naturstein gearbeitet und zeigt ein verschlungenes und perfekt abgestimmtes Ornamentmuster. Der Marmorsaal ist damit einmalig in der europäischen Schlossbaukunst. Vier großformatige Wandgemälde von Carle van Loo komplettieren den atemberaubenden Eindruck des großen Ballsaals. Er liegt direkt über einer weiteren Sensation der damaligen Baukunst, dem Grottensaal im Erdgeschoss. Grotten waren im 18. Jahrhundert in Mode. Eine Grotte innerhalb eines Schlossbaus war jedoch ein Novum. Mehr als 24 000 Muscheln, Minerale, Fossilien und Edelsteine schmücken den Saal. Auch Seeungeheuer

Marmorsaal im Neuen Palais

Detail im Grottensaal, auch Muschelsaal genannt

und Wasserdämonen wurden komplett aus Muscheln und Edelsteinen modelliert.

In dem prunkvollen Sommergästehaus wurden rauschende Feste gefeiert. Vier Festsäle und ein eigenes Rokokotheater standen dafür zur Verfügung. Das Schlosstheater gehört zu den schönsten noch erhaltenen Theaterräumen des 18. Jahrhunderts und nimmt die beiden oberen Stockwerke des gesamten Südflügels ein.

Friedrich II. bewohnte bei seinen seltenen längeren Aufenthalten die Königswohnung im südlichen Seitenflügel. Für besonders wichtige Gäste gab es kostbar ausgestattete Fürstenquartiere. Friedrichs Bruder Heinrich und seine unverheiratete Schwester

Anna Amalie bewohnten ebenfalls eigene Bereiche im Schloss. Der letzte deutsche Kaiser Wilhelm II. machte das Neue Palais von 1888 bis 1918 zu seinem Hauptwohnsitz. Danach diente das Schloss als Museum.

Die Communs sind schlossartige Wirtschaftsgebäude

Hinter dem Neuen Palais und dem Mopke genannten Ehrenhof wird der Schlosspark von den Communs abgeschlossen. Diese beherbergten die Wirtschaftsräume und Küchen und dienten den Bediensteten der königlichen Gäste als Wohnquartier. Heute sind in den Communs und den angrenzenden Marställen verschiedene Zweige der Universität Potsdam untergebracht. Auch hier zeigt sich wieder die vorbildliche Nutzung historischer Gebäude

Im Schlosstheater des Neuen Palais finden wieder Aufführungen statt. Es kann auch für Veranstaltungen angemietet werden

Freundschaftstempel nahe dem Palais

für heutige Zwecke in Potsdam. Und auch im Park Sanssouci fällt diese Potsdamer Eigentümlichkeit immer wieder ins Auge. Auf den Treppen an der Rückseite des Neuen Palais wird Schach gespielt, und im nahe gelegenen Freundschaftstempel, den Friedrich II. zum Gedenken an seine 1758 verstorbene Lieblingsschwester, die Markgräfin Wilhelmine von Bayreuth, errichten ließ, übt ein junges Paar Walzertanzen.

Im südlichen Teil verändert sich die Umgebung und wird immer mehr zu einem Landschaftspark mit Wiesenflächen und altem Baumbestand. Die waldartigen Partien eignen sich bestens für ruhige und besinnliche Spaziergänge. Auch wenn Sanssouci gut besucht ist, kommt es vor, dass man sich hier allein wiederfindet. Dieser Teil des Parks ist ein auf Wunsch von Friedrich Wilhelm IV. geschaffener englischer Landschaftsgarten, der geschickt mit dem alten Park Sanssouci verbunden wurde. Herzstück der Anlage ist ein weiteres Schloss, das letzte, das es in diesem Park zu entdecken gilt.

Schloss Charlottenhof

Klassizistische Sommerresidenz: Charlottenhof

Schloss Charlottenhof wurde als Sommerresidenz für Friedrich Wilhelm IV. und seine Frau Prinzessin Elisabeth Ludovika von Bayern erbaut. Der damalige

Kronprinz wollte sich mit Charlottenhof sein persönliches Arkadien errichten. Nach seinem Verständnis war dies ein durch Verbindungen zwischen Architektur und Natur geschaffenes poetisches Traumland und irdisches Paradies. So ist die Villa über Terrassen und Pergolen direkt mit Garten und Park verbunden, der Wasserlauf der Brunnen fließt sogar mitten durch das Haus hindurch. Die Räume im Innern sind jeder für sich einem bestimmten Thema gewidmet und durch Material, Farbe und Ausstattung in Vollendung ausgestaltet. Das berühmteste Zimmer ist das Zeltzimmer: Decke und Wände sind mit blau-weiß gestreiften Tapeten beklebt, sodass das Zimmer dem Innern eines Zeltes ähnelt. Es diente den Hofdamen und einigen Gästen als Schlafzimmer, unter anderem dem Forscher Alexander von Humboldt, der auf Einladung des Kronprinzen nach Potsdam kam.

Schloss Charlottenhof
Geschwister-Scholl-Straße 34a
14471 Potsdam
Mai–Okt. Di–So
10–18 Uhr
0331 / 96 94 200
www.spsg.de

Gartenarchitektur

Auch die römischen Bäder sind eine Schöpfung des „Romantikers auf dem Thron". Friedrich Wilhelm IV. war zeitlebens von seiner Sehnsucht nach Italien geprägt und lebte sie in seinen pittoresken Gartenarchitekturen aus. Der Gebäudekomplex besteht aus Gärtnerhäusern, einem Teepavillon und einem Römischen Bad, das allerdings nur als Kulisse diente und nie als Bad genutzt wurde. Das Ensemble grenzt an einen künstlichen See. Noch heute wird im Umfeld dieser romantischen Kulisse gern am See gepicknickt oder spaziert.

Wir folgen dem Weg nach Nordwesten und nähern uns den letzten, aber wohl auch schönsten Kleinodien, die dieser außergewöhnliche Park für uns bereithält. Das Chinesische Haus leuchtet dem Besucher schon von Weitem mit seinem goldenen Dach entgegen. Mit seiner lindgrünen Fassade und den verspielten Goldfiguren ist es eine der schönsten Gartenarchitekturen im ganzen Park. Friedrich II. ließ es als Gartenpavillon im damals sehr modernen Stil der Chinoiserie errichten. Die Figuren rund um den Pavillon zeigen essende, trinkende und musizierende

Goldene Figuren schmücken das Chinesische Haus

Chinesen. Dem Bildhauer standen Mitte des 18. Jahrhunderts allerdings nur Europäer Modell, sodass die Figuren kaum asiatische Gesichtszüge haben.

Die letzte Gartenarchitektur, die Neptungrotte, versteckt sich am östlichsten Rand des Gartens. Sie ist die letzte Schöpfung des berühmten Baumeisters Georg Wenzeslaus von Knobelsdorff für den Park Sanssouci und wurde erst nach seinem Tod vollendet. Sie wurde aus weißem und rosafarbenem schlesischen Marmor errichtet und mit einer Büste bekrönt, die den Wassergott Neptun, zwei Nymphen und zwei Wassermänner zeigt. Der Grottenraum ist aufwendig mit Bergkristallen, Korallen und Muscheln ge-

Die Neptungrotte als Verbindung von Natur und Architektur

schmückt. 100 Jahre nach der Entstehung der Grotte ließ Friedrich Wilhelm IV. sie überarbeiten und mit Wasserspielen versehen.

Der Ostausgang des Gartens wird vom Obeliskenportal begrenzt, eine der ersten bildhauerischen Arbeiten Knobelsdorffs. Die Schriftzeichen auf dem Obelisken entstammen einzig der Fantasie des Künstlers, da die Hieroglyphen im 18. Jahrhundert noch nicht entschlüsselt waren.

Friedenskirche

Ausklingen lassen wir den Spaziergang mit dem Besuch des einzigen Sakralbaus der gesamten Anlage, der Friedenskirche. Sosehr Friedrich Wilhelm IV. seinen Vorfahren Friedrich II. auch verehrte, unterschieden sie sich doch in einer Sache: Während Friedrich der Große sich der Aufklärung verschrieben hatte, war der „Romantiker auf dem Thron" tiefreligiös. Als Gegenpol zum Lustschloss Sanssouci ließ Letzterer daher Mitte des 19. Jahrhunderts die Friedenskirche nach einem eigenen Entwurf errichten. Der Friedensteich bildet mit Kirchengebäude und frei stehendem Glockenturm eine perfekte Kombination, die mit wunderschönen Wasserspiegelungen das Auge erfreut. Die Kirche selbst wurde wie die Heilandskirche am Port von Sacrow im kirchlichen Rundbogenstil erbaut und erinnert an ein italienisches Kloster. Die dreischiffige Basilika, das Predigerhaus und das Kavaliershaus bilden hierbei einen Gebäudekomplex. Hier befinden sich in der königlichen Gruft die Gräber Friedrich Wilhelms IV. und seiner Gemahlin Elisabeth.

Die Friedenskirche erinnert an ein italienisches Kloster

Marlygarten

An die Friedenskirche grenzt der Marlygarten. Er wurde 1751 für Friedrich Wilhelm I. als Küchengarten angelegt. Unter dem Soldatenkönig wurde hier Obst und Gemüse für die Schlossküche angebaut. Nach dem Bau der Kirche wurde das Areal in den

Stimmiges Ensemble aus Marlygarten und Kirche

1840er-Jahren von Peter Joseph Lenné zu einem Landschaftsgarten umgestaltet. Lenné veränderte den gesamten Untergrund und gab dem Garten so sein von sanften Hügeln durchzogenes Aussehen. Der Marlygarten ist der älteste Teil des Parks Sanssouci und kann indirekt als Grundstein dieses Schlossparks angesehen werden. Er steht als Einzeldenkmal innerhalb der Berlin-Potsdamer Kulturlandschaft unter Denkmalschutz.

Der Name Marlygarten soll der Legende nach den Hohn und Spott ausdrücken, den Friedrich Wilhelm I. für alles Französische übrighatte. Der französische Sonnenkönig Ludwig XIV. hatte in Marly-le-Roi ein Lustschloss. Um diesem Protz zu spotten und seine eigene Bescheidenheit zu demonstrieren, nannte der Soldatenkönig den Küchengarten kurzerhand „Mein Marly". Sein Sohn, Kronprinz Friedrich II., wiederum war ein großer Verehrer der französischen Sprache und Kultur und warf wohl aus ebendiesem Garten einen ersten Blick auf den Hügel, der später sein berühmtes Schloss Sanssouci tragen sollte. Zeit seines Lebens hatte der Soldatenkönig versucht, seinem feinsinnigen Sohn das aus seiner Sicht Weichliche, Weibische und Französische auszutreiben und ihm mit unbeugsamer Hand die preußische Härte einzu-

Soldatenkönig Friedrich Wilhelm I. (E. Gebauer, 1843)

bläuen. Doch Kronprinz Friedrich II. liebte Literatur, Theater und Musik und fand in Hans Hermann von Katte, einem Leutnant der preußischen Armee, seinen Seelenverwandten. Mit ihm teilte er seine Pläne, sich nach Frankreich abzusetzen. Mit 18 Jahren wurde Friedrich II. bei einem seiner Fluchtversuche inhaftiert, seinem Komplizen und Freund Hans Hermann von Katte erging es ebenso. Friedrich Wilhelm I. wollte nun endgültig ein Exempel statuieren. Er setzte sich über das milde Urteil der Richter hinweg und ließ Katte enthaupten. Sein Sohn musste zusehen. Danach war Friedrich II. gebrochen und versuchte nie wieder, sich seinem Vater zu widersetzen. Dass er sich sein Schloss in die vom Vater geprägte Garnisonsstadt baute, war ein zähneknirschend eingegangener Kompromiss. Schloss Rheinsberg war zu klein für einen Herrscher und auch zu weit weg von der Hauptstadt Berlin, außerdem wollte Friedrich II. seine Armee vor der Haustür haben. So baute er sich sein legendär gewordenes Refugium auf den Hügel in direkter Nachbarschaft zum väterlichen Marlygarten.

Durch eine kleine Nebenpforte direkt am Grünen Gitter sollten zu Friedrich Wilhelms IV. Zeiten die Kirchgänger in „ehrfurchtsvoll gebückter Haltung" auf das Gelände der Friedenskirche treten. Ebenso verlassen wir nun das Gelände und verabschieden uns von diesem unvergleichlichen Ensemble aus Gartenkunst, Architektur und Historie und von den Lebensgeschichten von Friedrich II. und Friedrich Wilhelm IV.

Kronprinz Friedrich litt unter seinem Vater (A. Pesne, 1736)

Friedrichs Vertrauter Hans Hermann von Katte (G. Lisiewski, 1729)

Nachmittag

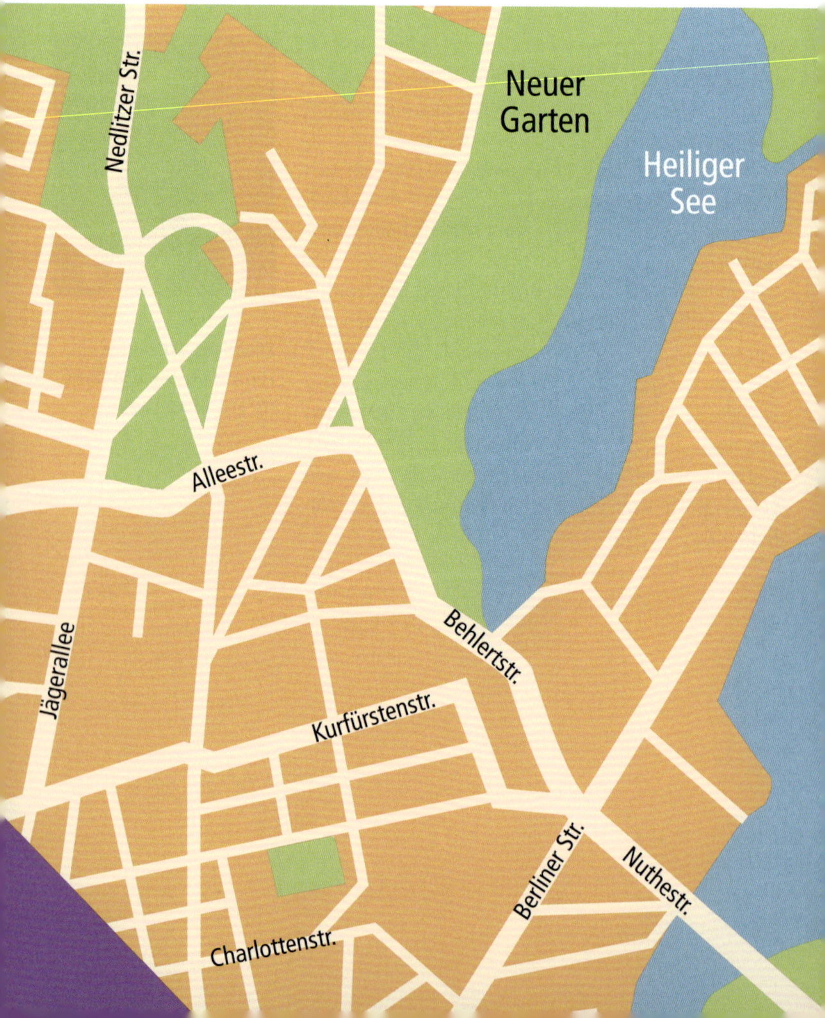

Neuer Garten
Heiliger See
Nedlitzer Str.
Alleestr.
Jägerallee
Behlertstr.
Kurfürstenstr.
Berliner Str.
Nuthestr.
Charlottenstr.

Klein-Glienicke und Babelsberg

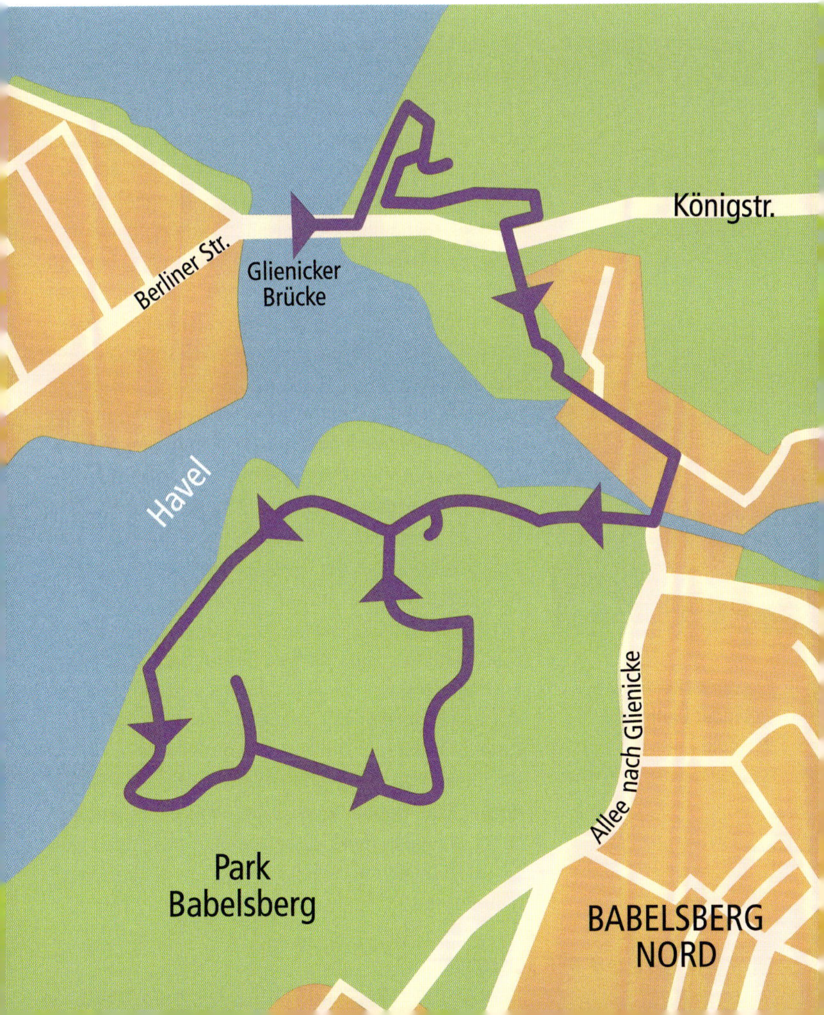

In Glienicke und Babelsberg haben die Brüder von Friedrich Wilhelm IV., Carl und Wilhelm, ihre Spuren hinterlassen. Dort finden sich nach zeitgenössischem, aber auch ihrem ganz eigenem Geschmack gestaltete Gartenanalagen und Schlossbauten, die Besucher immer wieder in Verzücken und Erstaunen versetzen. Vom vollkommen von der Italiensehnsucht Prinz Carls geprägten Park und Schloss Glienicke, dem Bella Italia an der Havel, geht es in die englische Gotik und die bewegte Historie von Babelsberg. Die eindrucksvollen Parks und Bauwerke zeigen eine historisch und künstlerisch ganz eigene Facette der kurfürstlichen Bauten Potsdams.

Park Klein-Glienicke

Anreise
Haltestelle „Glienicker Lake"
Bus 316
Haltestelle „Potsdam, Glienicker Brücke"
Tram 93 oder Bus 316

Den Startpunkt des etwa sechs Kilometer langen Spaziergangs markiert die Glienicker Brücke. Sie spannt sich über die Havel und verbindet den Berliner Stadtteil Wannsee mit Potsdam. Bevor wir uns wieder der Geschichte der Hohenzollern und ihrer Schlösser zuwenden, betreten wir mit der Glienicker Brücke ein Stück der jüngeren Vergangenheit. Sie ging als Schauplatz des Kalten Kriegs in die Geschichte ein. Hier tauschten die Vereinigten Staaten und die Sowjetunion ihre Spione aus. Mit Steven Spielbergs Film „Bridge of Spies – Der Unterhändler" schaffte es die Glienicker Brücke 2015 sogar bis nach Hollywood.

Die Glienicker Brücke verbindet Berlin und Potsdam

Der Weg führt von der Brücke aus am Ostufer der Havel entlang nach Norden. Der Beginn des Spaziergangs wartet mit schönen Wald- und Wasseransichten auf, und erste kleinere Parkarchitekturen machen Lust auf die meisterhaft gestalteten Pleasuregrounds und Schlösser, die der weitere Ausflug noch bereithält. Verantwortlich für das Glienicker Ensemble ist Prinz Carl von Preußen, vollständig Prinz Friedrich Carl Alexander von Preußen, der jüngere Bruder von Friedrich Wilhelm IV. Er wünschte sich ein Landgut mit italienischem Flair, und so findet sich das mediterrane Thema sowohl im Hauptgebäude als auch im Casino, dem ehemaligen Gartenhaus der Villa, wieder. Das Casino, an dem der Weg direkt entlangführt, schenkt dem Spaziergänger mit seinen von Wein überrankten Pergolen direkt ein wenig Mittelmeerflair und Urlaubssehnsucht. Auf dem Weg zum

Hirschtor, durch das wir den Schlosspark betreten, bewegt man sich wie unter einem grünen Dach an der Havel entlang. Rechter Hand wachsen mächtige Bäume und geben vereinzelt den Blick auf das hügelige Waldpanorama dahinter frei. Die Uferseite ist mit dichten Sträuchern bewachsen. Alle paar Hundert Meter kann man die Havel durch kleine Sichtschneisen funkeln sehen. Es bietet sich immer ein neues Bild der Wasserstraße, mit Segelbooten, Ausflugsschiffen oder Wasservögeln. Mit Glück kann man auch von hier schon einen Blick auf die Heilandskirche am Port von Sacrow werfen.

Prinz Friedrich Carl Alexander von Preußen (G. Lüderitz, 1826)

Am Hirschtor betreten wir schließlich den Park Klein-Glienicke. Einer der ersten Eigentümer dieser Ländereien, der Fürst Karl August von Hardenberg, führte den Gartenbaumeister Peter Joseph Lenné und den Architekten Karl Friedrich Schinkel in Glienicke zusammen und begründete damit eine äußerst fruchtbare Zusammenarbeit. Nach dem Tod des Fürsten erwarb Prinz Carl von Preußen die Anlage im Alter von 22 Jahren. Bis zu seinem Tod ließ er Glienicke immer weiter ausgestalten und erweitern. Lenné gliederte den Glienicker Park ab 1824 für den Prinzen nach englischem Vorbild in einen Blumengarten, einen Pleasureground und einen Landschaftspark. Es ist ein Frühwerk des berühmten Gartenbaumeisters und zugleich eines seiner Meisterwerke. Die Ausdehnung des Glienicker Parks von über 100 Hektar machen die Rekonstruktion, Instandsetzung und Pflege jedoch zu einer Mammutaufgabe. Daher sind heute viele Teile des Parks zugewachsen und die ursprünglich so meisterlich angelegten Sichtachsen verloren gegangen.

Säulenfragmente im Park Glienicke

Zunächst passieren wir den Klosterhof. Prinz Carl war kunstinteressiert und ein begeisterter Sammler. Dieser Bau sollte der angemessenen Unterbringung und Präsentation seiner umfangreichen Sammlung von Kunstgegenständen dienen, die er von seinen zahlreichen Reisen mitbrachte. Prinz Carl ließ eigens zu diesem Zweck originale Bauteile eines abgerissenen Kartäuserklosters und die kunsthistorischen Schätze dieses Klosters bergen und per Schiff nach Berlin transportieren. Der Klosterhof bildet so eine

Ein Madonnenmosaik schmückt das Portal des Klosterhofs

ungewöhnliche Verbindung von Museum und romantischer Stimmungsarchitektur. Obwohl die gesamte Schatzkunst und wichtige Stücke der byzantinischen Kunst verloren gegangen sind, ist die hier erhaltene Sammlung weltweit immer noch eine der umfangreichsten ihrer Art. Der Klosterhof dient zudem als Tor zwischen dem Schlossparkbereich und dem weitläufigeren, teils waldartigen Landschaftspark.

Wir bleiben im Schlosspark und begeben uns zum Nachbargebäude, der Orangerie. Hier überwinterten Zitrusbäume und andere südländische Kübelpflanzen aus dem Park. Heute wird sie für Kulturveranstaltungen genutzt.

Von der Orangerie aus spazieren wir durch den komplett künstlerisch-künstlich gestalteten Pleasureground. Solche Landschaftsparks im englischen Stil waren Anfang des 19. Jahrhunderts hochmodern. Die künstlerischen Elemente wurden dem naturnahen Landschaftspark gegenübergestellt, sodass die Besucher ein besonders abwechslungsreiches Bild erleben. Die Bauten waren dabei nur nebensächlich und lediglich dazu gedacht, die Landschaft zu akzentuieren. Wie schön so ein Akzent dennoch sein kann, zeigt eindrücklich das Casino an der Westgrenze des Geländes.

Durch seine exponierte Lage direkt am Ufer des Jungfernsees bietet das Casino mit seinen ausladenden Laubengängen malerische Aussichten aufs Wasser, den Park und den englischen Landschaftsgarten am Schloss Glienicke. Bei guter Sicht kann man vom Casino aus das Belvedere auf dem Pfingstberg, die

Prinz Carls ganzer Stolz: Das Casino

Heilandskirche am Port von Sacrow und den Neuen Garten sehen. Für Teegesellschaften bot es die wohl reizvollste Aussicht Potsdams, und es diente als Gästewohnung für besonders hochstehende Gäste. Auch im Casino zeigt sich die Sammelleidenschaft Prinz Carls. Fragmente von antiken Fundstücken ließ er in die Fassade des Gebäudes einbauen, wertvolle Stücke verwahrte er im Erdgeschoss.

Neben dem Casino bot auch die Rotunde am südwestlichen Zipfel des Parks Möglichkeiten für fröhliche Zusammenkünfte. Mit Blick über die Glienicker Brücke ließ es sich in dem Rundtempel mit 16 Säulen sehr gut aushalten. Der „Große Neugierde" genannte Bau wurde ganz im Geist der Antike umgesetzt und mit einer Nachbildung des Lysikratesmonuments gekrönt.

Vom Casino hat man einen schönen Blick über die Havel

Durchwandert man den Park Richtung Südosten, erreicht man die kleine Schwester der Rotunde, die „Kleine Neugierde". Ungesehen konnte man aus dem kleinen Pavillon das Geschehen auf der Berlin-Potsdamer Chaussee beobachten. Zur anderen Seite bot sich ein schöner Picknick- und Teeplatz mit Blick auf den Park und die zum Laitière-Brunnen gehörende Statue des trauernden Milchmädchens. Die Sammelleidenschaft des Prinzen machte jedoch auch die „Kleine Neugierde" Mitte des 19. Jahrhunderts vorrangig zu einem kleinen Museum. Antike Mosaike, Fragmente von Wandmalereien und Tafeln werteten das Gebäude auf. Krönung war eine florentinische Renaissance-Arkade auf der Gartenseite.

Der Pleasureground mit plastischen Kunstwerken

Die Kleine Neugierde war ein Teepavillon

und geometrischen Beeten kommt nahe an das Original des 19. Jahrhunderts heran. Charakteristisch für Glienicke sind die elliptischen und runden Beete, die mit Terrakotta-Kacheln mit Palmenmotiven, sogenannten Palmetten, eingefasst sind. Besonders aufwendig gestaltet sind die geometrisch angelegten Beete, die mit Buchsbaumpflanzungen umrandet sind – beispielsweise das Lilienbeet, das direkt unterhalb der Fenster von Prinz Carls Schlafzimmer an der Westfassade des Schlosses liegt. Die Terrassen an West- und Ostseite des Schlosses wurden mit Zitruspflanzen in Kübeln geschmückt.

Schloss Glienicke

Das Schloss selbst bildet den gestalterischen Mittelpunkt des Schlossparks und wurde nach Entwürfen des Architekten Karl Friedrich Schinkel als italienische Villa erbaut. Die Remise wurde ebenfalls nach einem Entwurf von Schinkel gebaut. Zur Auflockerung wurde der kleine Turm mit einem Belvedere im Obergeschoss errichtet. Besonders beeindruckend ist die Löwenfontäne an der Rückseite des Schlosses. Die bronzenen Medici-Löwenfiguren hatte Prinz Carl

Parkansicht von Schloss Glienicke

Goldene Löwenfontäne vor dem Schloss Glienicke

von seiner Schwester Charlotte zum 30. Geburtstag geschenkt bekommen. Sie wurden vergoldet und auf zwei hohen Sockeln aufgestellt. Für das Wasserspiel wurde eigens eine Dampfmaschine angeschafft. Zum ersten Mal sprudelte die Fontäne anlässlich eines Besuchs des russischen Zarenpaares. Eine Sensation, denn Wasserspiele in diesem Ausmaß gab es zu dieser Zeit selten. Auch die Fontäne von Sanssouci war 1838 noch nicht funktionstüchtig.

Prinz Carl von Preußen erreichte ein hohes Alter und hatte so die Möglichkeit, sein „Italien" über 60 Jahre lang immer weiter auszugestalten. Nach seinem Tod ging das Anwesen an seinen Enkel Friedrich Leopold. Friedrich Leopold zeigte jedoch kaum Interesse an Schloss Glienicke, er bezog stattdessen das Jagdschloss, die nächste Station unseres Spaziergangs. Im Lauf der Jahrzehnte gingen so viele der Kunstgegenstände und ein Großteil der klassizistischen Einrichtung des Schlosses verloren. Erst seit Ende der 1980er-Jahre wird versucht, im Innern des Gebäudes die Zeit von Prinz Carl wiederauferstehen zu lassen. Die Räume strahlen wie einst in kräftigen Farben, der rote Saal, der grüne Salon, das türkise Schlafzimmer und die tiefblaue Bibliothek bilden einen würdigen Rahmen für die Kunstwerke und Möbel. Das Schloss ist heute ein Museum und stellt Schinkel-Möbel und Kunstgegenstände aus, die zum großen Teil aus dem Besitz des Prinzen Carl stammen. Im Gartensaal finden Konzerte statt. Die Remise wird seit Mitte der 1980er-Jahre gastronomisch genutzt.

Im Westflügel eröffnete 2006 das erste Hofgärtnermuseum Europas, das die Geschichte der preußischen Hofgärtner zeigt

Schloss Glienicke
Königstraße 36
14109 Berlin
Apr.–Okt.
Di–So 10–17.30 Uhr
Nov.–März
Sa, So 10–16 Uhr
0331 / 96 94 200
www.spsg.de

Wasseransicht des Jagdschlosses

Jagdschloss Glienicke und Jagdschlossgarten

Durch das Greifentor verlassen wir das Schlossareal, überqueren die Königstraße und betreten die jüngste Parkanlagenerweiterung von Klein-Glienicke, den Jagdschlossgarten. Der Garten ergänzt die älteren Parkbereiche, ist aber in sich abgeschlossen. Der nördliche Teil des Areals sollte eine optische Verbindung zum Pleasureground am Glienicker Schloss bilden. Auf der Südwestseite besitzt der Garten einen direkten Zugang zu Havel und Glienicker Lake. Ein Aussichtsplatz erlaubt eine schöne Sicht über Potsdam, Berlin und den Park Babelsberg. Das Jagdschloss hat eine ganze Reihe preußische Herrscher kommen und gehen sehen. Erbaut wurde es Mitte des 17. Jahrhunderts unter dem Großen Kurfürsten Friedrich Wilhelm. Nach wechselnden Eigentümern erwarb Carl von Preußen schließlich Mitte des 19. Jahrhunderts den Komplex und gestaltete Schloss und Park mithilfe des Architekten Ferdinand von Arnim und des Gartenbauspezialisten Lenné neu. Das Jagdschloss wurde auf die doppelte Größe erweitert, der Südflügel wurde errichtet, und alles wurde passend zum Zeitgeist im Stil des Neobarocks umgebaut. Der Jagdschlossgarten wurde als englischer Landschaftsgarten mit barocken Einsprengseln realisiert und ist in dieser Form einzigartig in der Berlin-Potsdamer Gartenkunst. Seit 2003 nutzt das Sozialpädagogische Fortbildungsinstitut Berlin-Brandenburg das Jagdschloss Glienicke.

Der Park Klein-Glienicke und seine zahlreichen Bauwerke zeichnen auch nach über 200 Jahren noch ein sehr detailliertes Bild von Prinz Carl von Preußen. Durch seine rege Bautätigkeit und seine Kunstleidenschaft, die sich in seinen umfangreichen Sammlungen zeigt, hat er einen bedeutenden Teil zur Kulturlandschaft der Preußischen Schlösser und Parks in Potsdam und Berlin beigetragen. Mit dem folgenden Park Babelsberg wenden wir uns seinem älteren Bruder Prinz Wilhelm zu, der später als Wilhelm I. der erste deutsche Kaiser wurde.

Schloss und Park Babelsberg

Vom Jagdschloss Glienicke geht es über die Waldmüllerstraße immer am Wasser entlang zur Parkbrücke Klein-Glienicke, die den Übergang zum Park Babelsberg markiert. Nachdem für seine Brüder Schloss Glienicke und Charlottenhof errichtet wurden, schaffte sich hier der zweitälteste Sohn von Friedrich III., Prinz Wilhelm, sein Sommerrefugium. Über 50 Jahre lang bewohnten er und seine Frau Schloss Babelsberg in den heißen Monaten. Schon beim Übergang zum Babelsberger Park bieten sich zauberhafte Ansichten: Linker Hand Babelsberg, rechter

Parkansicht von Schloss Babelsberg

Hand Glienicke, dazwischen das Blau der Glienicker Lake.

Einen großen Anteil an der Gestaltung von Park und Schloss hatte Augusta, Prinzessin von Sachsen-Weimar-Eisenach. Die Prinzessin war klug und politisch interessiert, sodass sie sich bald nach der Hochzeit mit Wilhelm zu langweilen begann, während dieser sich an ihrer Diskussionsfreude störte. Sie hatte klare Vorstellungen davon, wie Park und Schloss arrangiert werden sollten. Für die Gestaltung verantwortlich war wiederum Peter Joseph Lenné. Babelsberg war ein weiteres Puzzleteil, mit dem er die Umgebung Potsdams in ein Gesamtkunstwerk verwandeln wollte. Lenné hatte jedoch von Anfang an mit knappen finanziellen Mitteln zu kämpfen. Durch ein fehlendes Bewässerungssystem kam es immer wieder zu vertrockneten Gartenpartien. So konnte er die Vorstellungen der Prinzessin nicht zufriedenstellend umsetzen und wurde schließlich entlassen. Sein Nachfolger war Fürst Hermann von Pückler-Muskau. Er behielt Lennés Wegesystem mit den markanten Sichtachsen in die Potsdamer Landschaft bei und ergänzte es durch ein feines Netz kleinerer Wege. Während der Spaziergang am Ufer der Havel entlangführt, bieten sich prächtige Aussichten auf die Glienicker Brücke und das Glienicker Schloss. Das Pückler'sche Wegenetz hingegen zieht den Blick immer wieder zum Herzstück des Parks: Schloss Babelsberg.

Denkmal für Fürst Pückler, Vollender des Babelsberger Parks

Auch beim Bau des Schlosses hatte die Prinzessin klare Vorstellungen. Sie hatte sich intensiv mit Architektur, insbesondere mit englischer Gotik, befasst und wünschte sich einen Prachtbau mit aufwendigem Dekor. Die von Schinkel geplanten maßvollen gotischen Formen lehnte sie rundheraus ab. So kam es immer wieder zu Disputen mit dem Architekten. Entstanden ist ein Bauwerk, das den Charme eines mittelalterlichen Märchenschlosses hat. Wie eine kleine Burg sitzt es auf der sanft hügeligen Anhöhe des Parks.

Zunächst passieren wir jedoch das Dampfmaschinenhaus. Dieser Bau fehlte zu Lenné'scher Zeit noch im Park und hätte ihm viel Unbill mit der Bauherrin erspart. Denn das Dampfmaschinenhaus sorgte für die Bewässerung der großzügigen Parkanlage. Der normannische Charakter erinnert nicht zufällig an die Meierei im Neuen Garten, denn auch beim Babelsberger Dampfmaschinenhaus war Ludwig Persius der Architekt. Besonderes Schmuckstück war eine 40 Meter hohe Fontäne, die Dank der Technik im Dampfmaschinenhaus aus der Havel emporschoss. Folgt man dem Uferweg am Dampfmaschinenhaus vorbei, zeigt sich an der nordwestlichen Spitze des Parks die gesamte Schönheit der Anlage. Wasserseitig kann man die Glienicker Brücke, den Glienicker Park, die Berliner Vorstadt und auch schon Teile von Potsdams Kulturquartier, der Schiffbauergasse, erblicken. Der Park auf der anderen Seite lockt mit verschlungenen Spazierwegen und dem Schloss an der Spitze. Der Aufstieg ist nur insofern mühevoll, als dass man sich für einen der zahlreichen Wege entscheiden muss. An jedem Pfad warten Gebäude oder Pflanzensembles auf ihre Entdeckung und locken den Besucher mal in die eine, mal in die andere Richtung. Das Ziel am oberen Punkt des Gartens verliert man dabei jedoch nie aus den Augen. Zugegeben, man kann das Schloss auch direkt von der Brücke aus erreichen. Doch die kleinen Umwege zum 66 Meter

Im Kleinen Schloss findet sich ein schönes Café

hohen Gipfel lassen den Besucher zahlreiche architektonische und gartenbauliche Kleinodien entdecken, bevor er zur Hauptattraktion vordringt.

Das erste architektonische Schmuckstück befindet sich ebenfalls direkt an der Havel. Das Kleine Schloss besticht ebenso wie sein großer Bruder durch englische Neu-Tudor-Gotik. Ursprünglich als Gartenhaus erbaut, wurde es nach detaillierten Angaben von Prinzessin Augusta umgestaltet. So aufgewertet, wurde es zum Wohnsitz vom ältesten Sohn des Prinzenpaares, Friedrich Wilhelm, dem späteren Kaiser Friedrich III., und seiner Frau Victoria. Seit den 1950er-Jahren kann man im Kleinen Schloss mit umwerfendem Havelblick Kaffee und Kuchen genießen. Direkt oberhalb findet sich der hufeisenförmige Marstall, der zur Unterbringung von Pferden und Kutschen diente.

Weithin sichtbar: Der Flatowturm im Schlosspark Babelsberg

Eine Stufe oberhalb des Kleinen Schlosses findet sich das Matrosenhaus. Es wurde nach dem Vorbild des Stendaler Rathauses im Stil der deutschen Gotik erbaut. Hier wurden die Matrosen der königlichen Flotte untergebracht. Eine Wetterfahne in Form eines kleinen Segelschiffs auf dem Dach erinnert noch heute daran. Mittlerweile wird das Matrosenhaus als Wohnhaus genutzt.

Auf dem Weg zur schönsten Aussicht des ganzen Parks passieren wir einen der geschichtsträchtigsten Punkte der Anlage: die Bismarck-Brücke. Sie ist der Ort der historischen Begegnung Otto von Bismarcks mit Kaiser Wilhelm I. Auf dieser Brücke soll der Kaiser Bismarck 1862 bewogen haben, Reichskanzler zu werden. Die Brücke unterhalb des Flatowturms war ursprünglich eine Konstruktion aus Knüppelholz. Um sie dauerhaft haltbar zu machen, wurde das Holz im 19. Jahrhundert durch eine gusseiserne Reproduktion ersetzt.

Flawoturm
Park Babelsberg 12
14482 Potsdam
Apr.–Okt.
Sa, So 10–17.30 Uhr
0331 / 96 94 200
www.spsg.de

Einen perfekten Überblick über die gesamte Parklandschaft und die weitere Umgebung bietet der fast 50 Meter hohe Flatowturm. Ein zum Turm gehörendes Burggebäude samt Zugbrücke und Kanonen ist nicht mehr vorhanden. Rund um den Flatowturm wirkt der Babelsberger Park sehr naturnah. Junge Spechte krakeelen aus Astlöchern nach Futter, Eich-

Die alte Berliner Gerichtslaube im Schlosspark

hörnchen flitzen umher, und überall raschelt es im Strauchwerk. Gegenüber dem Flatowturm führt ein steiler Weg zur Lennéhöhe empor, auf der sich die Gerichtslaube findet. Dieser Bau aus dem 13. Jahrhundert war ein Geschenk der Berliner an Kaiser Wilhelm I. Das Gebäude musste dem Neubau des Roten Rathauses Mitte des 19. Jahrhunderts weichen und wurde aus den Originalteilen neu errichtet. Im Obergeschoss wurde ein Teezimmer eingerichtet.

Von der Gerichtslaube aus nähern wir uns zu guter Letzt dem Babelsberger Schloss. Das verspielte Äußere mit Türmchen, Erkern und unterschiedlichen Fensterformen ist das Ergebnis einer Erweiterung des ursprünglichen Baus. Besonders reizvoll sind die fünf Terrassen, die das Schloss umgeben. Sie wirken ganz im Sinne des Gartengestalters von Pückler-Muskau wie Schlossräume unter freiem Himmel.

Nach dem Tod Wilhelms I. 1888 begann eine sehr wechselhafte Zeit für Schloss Babelsberg. Die kaiserlichen Nachfolger bevorzugten andere Schlösser. Nach 1945 ging ein Großteil der Innenausstattung durch Plünderungen verloren. Die Akademie für Staats- und Rechtswissenschaft der DDR nutzte ab 1949 einige Räume als Richterakademie. In den 1950er-Jahren war für einige Zeit die Hochschule für Film und Fernsehen im Schloss Babelsberg untergebracht, in ebenjenen Räumlichkeiten, in denen sie auch gegründet worden war. Es folgte das Museum für Ur- und Frühgeschichte, das bis 1990 seinen Sitz im Schloss hatte. Die vielfältige Nutzung hat Spuren hinterlassen: Es wurden Leitungen und Stahlgerüste

Goldene Terrasse am Schloss Babelsberg

Kunstvoll angelegtes Moosbeet im Park Babelsberg

verlegt, Kamine herausgerissen und Zwischendecken eingezogen. Nach der detaillierten Sanierung der Außenfassade sollen jetzt die in Mitleidenschaft gezogenen Innenräume historisch restauriert werden. Das Hauptgebäude soll den Besuchern wieder die Atmosphäre zur kaiserlichen Zeit erlebbar machen, im Anbau sollen Sonderausstellungen stattfinden.

Im Zuge der Außensanierung wurden die seit 1918 stillgelegten Wasserspiele von Pückler-Muskau wiederhergestellt. Der Pleasureground gliedert sich in drei verschiedene Gartenbereiche mit jeweils eigenem Wasserspiel. Der goldene Rosengarten zeigt einen wasserspeienden bronzenen Reiher, unterhalb sprudelt ein gotisches Wasserspiel. Gemeinsam mit dem Rauschen des Adlerbrunnens ergibt sich eine vielstimmige Wassermusik.

Abreise
Haltestelle „Potsdam, Schloss Babelsberg"
Bus 616

3. Tag:

Potsdams grüne Lunge und blaues Paradies

Vormittag

Sacrower See und Königswald

Die ausgedehnten Waldflächen rund um den Sacrower See bilden seit 1941 das älteste Naturschutzgebiet Potsdams. Sie laden zu ausgedehnten Spaziergängen und Wanderungen ein. Der Sacrower See ist einer der saubersten in der Region und bei schönem Wetter ein beliebter Badesee. Am südlichen Zipfel des Gewässers befinden sich der Park und das Schloss Sacrow mit der Heilandskirche am Port von Sacrow. Die Kirche im italienischen Stil liegt direkt am Jungfernsee und wird gern für Hochzeiten genutzt.

Schloss und Park Sacrow

Anreise
Haltestelle „Potsdam, Schloss Sacrow"
Bus 697

Wir beginnen den Spaziergang im Schlosspark von Sacrow. Uralte Bäume und offene Wiesenflächen bestimmen das Bild des naturbelassenen Parks. Rechter Hand vom Eingang findet sich eine über 100 Jahre alte Streuobstwiese, direkt daneben wölbt sich die imposante Krone des ältesten Baums Potsdams. Die gut drei Meter hohe Eiche wird auf etwa 400 Jahre geschätzt und strotzt noch immer vor Leben. Wir folgen den kunstvoll angelegten Wegen in Richtung des Herrenhauses und ahnen es schon: Auch dieser Park ist ein Werk des viel beschäftigten Potsdamer Gartenkünstlers Peter Joseph Lenné.

Im Park Sacrow zu finden: 1000-jährige Eiche

Friedrich Wilhelm IV. kaufte 1840 das Gelände mit dem zugehörigen Gutshaus. Er ließ den Schlosspark anlegen, das Herrenhaus erweitern und befahl den Bau der Heilandskirche am Port von Sacrow. Mit dieser Parkanlage und dem Schloss Sacrow vervollständigte der damalige König den Kreis der Schlösser und Gärten rund um den Jungfernsee. Schloss und Park Sacrow, der Neue Garten mit Schloss Cecilienhof und das Ensemble aus Park, Schloss und Casino Glienicke bildeten nun einen wundervoll schmückenden Ring rund um den Havelsee. Diesen Umstand nutzte Lenné für einen seiner romantischen Sichtenfächer. Die Aussichten zu den Schlössern der Pfaueninsel, Glienicke, Babelsberg und Cecilienhof können vom Park aus entdeckt werden.

Schloss Sacrow ist ein bescheidener kleiner Schlossbau ohne Protz, mit einer hellen Fassade und exakt symmetrisch angelegten Fenstern. Seifenoperfans kommt das Schloss vielleicht bekannt vor – bis 2008 war es Außendrehort der Telenovela „Wege zum

Sacrow, ein Rittergut mit bewegter Geschichte

Glück" und diente als Kulisse des Gutshauses der Familie van Weyden. Die echten Bewohner des Schlosses sind jedoch nicht weniger illuster. Die Ursprünge von Sacrow gehen auf ein Rittergut aus dem 14. Jahrhundert zurück. Heinrich Karl de la Motte Fouqué erwarb das Gut Ende des 18. Jahrhunderts, sein Sohn Friedrich verbrachte hier einige Jahre seiner Jugend. Am Sacrower See soll der spätere Dichter wesentliche Inspirationen für sein Kunstmärchen „Undine" erhalten haben. Felix Mendelssohn Bartholdy soll von der Umgebung für sein Streichquartett in a-Moll op. 13 inspiriert worden sein und hier Teile davon komponiert haben. Die Familie Mendelssohn war mit dem Berliner Bankier Immanuel Meyer Magnus befreundet, der das Gutshaus vom Generalkonsul Jean Balthasar Henry erworben hatte. Die Familie Magnus lebte 30 Jahre lang auf Gut Sacrow und richtete auf dem Gelände eine Produktionsstätte für Bleizucker ein, einen günstigen Zuckerersatz, der vor allem für Weine genutzt wurde. Friedrich Wilhelm IV. kaufte das Herrenhaus schließlich und ließ es von Ludwig Persius umbauen. Seitdem wird das Gebäude „Schloss Sacrow" genannt. Bewohnt hat der König das Schloss jedoch nie. Nach dem Zweiten Weltkrieg diente Schloss Sacrow als Kinderheim und Erholungsheim für Verfolgte des nationalsozialistischen Regimes. Mit dem Mauerbau zogen die Nationale Volksarmee und die Zollbehörden der DDR ein. Im Park wurden die Spürhunde des Zolls trainiert. Seit Anfang der 1990er-Jahre wird das Schloss von der Stiftung Preußische Schlösser und Gärten verwaltet. Park und Schloss wurden nach Originalplänen restauriert.

Die Sacrower Parkanlage wurde von Lenné gestaltet

Die Heilandskirche am Ufer des Jungfernsees

Heilandskirche am Port von Sacrow

Wie ein ankerndes Schiff liegt die Heilandskirche am Port von Sacrow auf einer in den Jungfernsee ragenden Terrasse. 1844 wurde sie auf Befehl von Friedrich Wilhelm IV. errichtet. Der „Romantiker auf dem Thron" wünschte sich eine Kirche im italienischen Stil mit einem frei stehenden Glockenturm. Diese Anforderungen erfüllte sein Architekt Ludwig Persius in beeindruckender Manier. Die Heilandskirche ist eine imposante Erscheinung und trifft doch unweigerlich einen romantischen Nerv. Das Wasser plätschert sanft an das halbrunde Fundament, vom Säulengang aus hat man einen fantastischen Blick über die Havel, das gegenüberliegende Glienicker Arrangement, die Pfaueninsel zur Linken und die Glienicker Brücke sowie das dahinter liegende Babelsberg zur Rechten. Der frei stehende Glockenturm – Kampanile genannt, abgeleitet vom lateinischen „campana" (Glocke) – ist über 20 Meter hoch. Das oberste Geschoss fungiert als offenes Belvedere. Im Glockenturm hängt eine über 600 Jahre alte Bronzeglocke.

Gedenktafel an Funkversuche 1897 vom Turm aus

Die Zeit der Teilung Deutschlands setzte der Kirche besonders zu. Während des Mauerbaus wurde der Kampanile in die Grenzanlagen einbezogen. Mit Betonplatten verkleidet, war er fester Teil der Mauer. Die Kirche lag somit im Sperrgebiet. Dennoch fanden bis zum Heiligen Abend 1961 Gottesdienste statt. Das war den Grenzern wohl ein Dorn im Auge. Sie verwüsteten das Innere der Kirche und machten so weitere Gottesdienste – und damit verbundene Fluchtversuche – unmöglich. Die Kirche wurde abgeriegelt und verfiel zusehends. Eine Initiative des damaligen regierenden Bürgermeisters von West-Berlin, Richard von Weizsäcker, versuchte in den 1980er-Jahren die Kirche zu retten. Das Engagement führte zu langwierigen Verhandlungen zwischen der Kirche und den zuständigen Stellen der DDR und war letztlich von Erfolg gekrönt. Mitte der 1980er-Jahre wurde die Hülle des Kirchengebäudes saniert.

Nach dem Mauerfall 1989 fand schließlich am Heiligen Abend desselben Jahres nach 28 Jahren der erste Gottesdienst in der Heilandskirche am Port von Sacrow statt. In den 1990er-Jahren wurde auch der Innenraum aufwendig erneuert. Seit 1995 finden wieder regelmäßig Gottesdienste und Konzerte in der Heilandskirche statt. Heute wird die Kirche gern für Trauungen genutzt. 2007 schaffte es die Kirche sogar auf die große Leinwand. In „Keinohrhasen" versucht Kindergärtnerin Anna, gespielt von Nora Tschirner, Ludo alias Til Schweiger ihre Liebe zu gestehen, natürlich an ihrem romantischen Lieblingsplatz an der Heilandskirche.

Direkt am Wasser: Arkade der Heilandskirche

Havel und Sacrower See

Hinter der Heilandskirche führt ein schöner Uferweg bis zum Fähranleger. Hier kann man mithilfe des Potsdamer Wassertaxis einen ganz neuen Blick auf die Schloss- und Parkanlagen werfen. 13 Stationen werden angesteuert, darunter Sehenswürdigkeiten wie Park Sanssouci, Schloss Babelsberg, die Schiffbauergasse oder Cecilienhof. Die hinter dem Schiffsanleger gelegene Halbinsel Meedehorn gehört zum Ensemble von Schloss und Park Sacrow und der Heilandskirche. Hier befindet sich eine Kleingartenanlage. Während der deutsch-deutschen Teilung war die Halbinsel von der innerdeutschen Grenze umschlossen und auf drei Seiten abgeriegelt. Die Kleingärtner gelangten nur nach strenger Kontrolle und mit einer Sondergenehmigung zu ihren Gärten. Filmfans

Blick von der Kirche auf den Jungfernsee

kommt die Villa Perlis ein kurzes Stück weiter entlang der Havel vielleicht bekannt vor. Sie diente als Kulisse für die ARD-Serie „Weissensee“ und stellte das Wohnhaus der Familie Kupfer dar.

Wir werfen noch einen Blick auf die Pfaueninsel und wechseln vom Westufer der Havel ans Ostufer des Sacrower Sees. Direkt am Ufer entlang führt ein Waldweg, der angenehm unter den Sohlen federt. Auch der Sacrower See war während der Teilung Berliner Grenzgebiet und stand unter Bewachung. Beim Versuch, schwimmend aus der DDR zu fliehen, ertrank 1986 Rainer Liebeke in diesem Gewässer.

Mit dem Wasser des Sacrower Sees zur einen und dem dichten Baumbewuchs des Königswaldes zur anderen Seite bietet der Spaziergang eine wundervolle Verschnaufpause von der Stadt. Der Königswald ist ein über 800 Hektar großes Forstgebiet im Nordosten von Potsdam und wird von Krampnitzsee, Jungfernsee und Havel umgeben. Zusammen mit dem Sacrower See bildet der Königswald das seit 1941 bestehende und damit älteste Naturschutzgebiet Potsdams. Ende der 1990er-Jahre ging es im Landschaftsschutzgebiet „Königswald mit Havelseen und Seeburger Agrarlandschaft“ auf. Das Waldgebiet besteht aus Kiefern und Laubmischwäldern mit Eichen und Buchen und bietet mit zahlreichen kleinen Mooren auch Lebensraum für seltene Amphibien. Besonders bedeutende Tierarten, die sich hier finden lassen, sind unter anderem Biber, Fischotter, seltene Fledermausarten und Seeadler. Daher ist das Baden an diesem See auch nur an zwei Stellen erlaubt. Die

Idyllischer Weg im Königswald

Badestelle am Ostufer liegt an einer kleinen Landzunge, die in den See hineinragt. Dem größeren Badestrand nähern wir uns an der Nordspitze des Sacrower Sees. Vom Wald aus geht es ein paar wurzelbewachsene Stufen hinab zum malerisch weißen Sandstrand. Am Wochenende kann es hier durchaus voll werden. Besonders Familien schätzen den feinen Sand, das klare Wasser und das flache Ufer des Sees. Das direkt am Badestrand gelegene Restaurant „Landleben" sorgt für die kulinarische Verköstigung.

Wer jetzt noch Ausdauer und Lust hat, der kann diesem Spaziergang eine Runde um den Groß Glienicker See hinzufügen. Etwa siebeneinhalb Kilometer muss man für diese Wanderung einplanen. Eine etwas kürzere Tour ergibt sich, wenn man den Spaziergang auf der Westseite des Sacrower Sees beendet. Am Institut für Binnenfischerei vorbei geht es wieder Richtung Schlosspark Sacrow. Ein geografisch und geschichtlich spannendes Areal bietet der Königswall, der sich ein Stück westlich des Sacrower Sees am Ostufer des Krampnitzsees befindet. Diese bronzezeitliche Wallanlage, die auch Römerschanze genannt wird, ist eine der ältesten Wehranlagen Europas. Sie war laut Forschung von etwa 1000 bis 500 vor Christus besiedelt und diente den Slawen bis ins 12. Jahrhundert als Burg. Archäologische Ausgrabungen an dieser Stelle brachten viele Fundstücke eines bronzezeitlichen Pfostenhauses zutage. Der heute noch zu sehende Ringwall steht seit den 1950er-Jahren unter Denkmalschutz.

Badestelle am Sacrower See

Abreise
Haltestelle „Lanzendorfer Weg (Berlin)"
Bus 234

Nachmittag

Vom Templiner See zu Einsteins Sommerrefugium

Der Templiner See mit dem Waldbad Templin gehört zu den beliebtesten Badeseen der Potsdamer. Er ist Teil der langen Kette der Havelseen und bietet an seinen Ufern herrliche Wander- und Radwege. Direkt am Templiner See liegt der malerische Ort Caputh. Der Caputher Schlosspark und das dazugehörige Bauwerk, ein Lustschloss aus der Zeit des Großen Kurfürsten, die kleine Kirche und das Sommerhaus des weltberühmten Physikers Albert Einstein machen das schmucke kleine Örtchen zu einem echten Glanzpunkt des Potsdamer Umlands.

Templiner See

Anreise
Bootsanlegestelle „Potsdam, Lange Brücke"

Der Wind weht uns um die Nase, die Sonne spiegelt sich auf den Hunderten kleinen Wellen, die das Wasser aufwirft, und es riecht nach See – die beste Art, den Templiner See zu erleben, ist ohne Zweifel eine Schiffstour. Direkt hinter der Langen Brücke, unweit des Hauptbahnhofs, geht es ein paar Treppenstufen hinunter, und man erreicht den Bootsanleger am Fuß des Mercure Hotels.

Das Schiff folgt zunächst dem Lauf der Havel und bietet wunderschöne Potsdam-Ansichten, unter anderem von Nikolaikirche und ehemaliger Heilig-Geist-Kirche. Linker Hand erhebt sich der 88 Meter hohe Brauhausberg zwischen Teltower und Templiner Vorstadt. Bei guter Sicht kann man das Gebäude am Gipfel erkennen. Die ehemalige Kriegsschule wurde von Kaiser Wilhelm II. erbaut und diente der Ausbildung von Offizieren der preußischen Armee. Nach dem Ersten Weltkrieg war das Gebäude der Sitz des Reichs- und Heeresarchivs, ab

Eine Bootsfahrt zeigt Potsdams schönste Seiten

1949 wurde es von der SED-Landesleitung Brandenburg genutzt. Bis 2013 beherbergte das Gebäude auf dem Brauhausberg den Brandenburgischen Landtag. Bis ins Jahr 2018 diente es als Flüchtlingsunterkunft. Seit 2020 wird das Gebäude umgebaut. Es soll zukünftig Wohnungen und Büros sowie ein Hotel beherbergen. Seinen Namen erhielt der Brauhausberg, weil er den Potsdamer Brauereien als Lagerort diente. In die in den Berg getriebenen Stollen wurde Eis aus der Havel gebracht, sodass das Bier den Sommer über kühl gelagert werden konnte. Die Stollen sind auch heute noch zu sehen. Am Fuß der 88 Meter hohen Erhebung wurde im frühen 18. Jahrhundert zudem das Königliche Brauhaus errichtet. Die Gebäude der ehemaligen Brauerei stehen teilweise unter Denkmalschutz, und es befinden sich darin heute Eigentumswohnungen.

Bevor das Schiff die Halbinsel Hermannswerder umrundet, kann man rechter Hand einen Blick auf

Als Kornmagazin errichtet: Persiusspeicher

die Potsdamer Speicherstadt werden. Hier befand sich das Königlich-Preußische Proviantamt, das für die Heeresverpflegung zuständig war. Vom Boot aus kann man den markanten Persiusspeicher entdecken, ein spätklassizistisches Gebäude mit Zinnenturm, das von Ludwig Persius gestaltet wurde. Rund um das Gebäude entstand die Speicherstadt mit verschiedenen Manufakturen und Fabriken. Das Gewerbegebiet wurde 2014 stillgelegt und wird momentan zu einem Wohngebiet umgebaut. Hinter Hermannswerder mündet die Havel in den Templiner See. Am

Ufer wächst dichter Laubwald. Zwischen dem dichten Blätterwerk blitzen immer wieder wahre Bilderbuchhäuser mit direktem Seezugang hervor.

Direkt hinter der Halbinsel kann man linker Hand noch ein Kuriosum aus der Potsdamer Geschichte entdecken – den ehemaligen Luftschiffhafen. Dieser wurde Anfang des 20. Jahrhunderts vom Luftschiffpionier Graf von Zeppelin angelegt. Es entstand unter anderem die größte Luftschiffhalle der Welt, zwei Zeppeline hatten hier gemeinsam Platz. Keine zehn Jahre später führte der Versailler Vertrag, der jegliche Luftschifffahrteinrichtungen verbot, zum Abriss der Anlage. In den 1920er-Jahren errichtete die Stadt auf dem Gelände den „Land- und Wassersportplatz Luftschiffhafen". Es entstanden im Laufe der Jahre ein Stadion, eine Regattastrecke, ein Freibad, Fußball- und Hockeyplätze, eine Festhalle, eine Kleinkaliber-Schießanlage, Bootshäuser, ein Yachthafen sowie Spielplätze und Gaststätten. Verschiedene Sportturniere, wie beispielsweise internationale Leichtathletikwettkämpfe, wurden hier ausgetragen. In den 1970er-Jahren entstand hier die Kinder- und Jugendsportschule Potsdam. Heute ist im ehemaligen Luftschiffhafen zudem der Olympiastützpunkt Brandenburg zu finden. Traditionell werden in Potsdam besonders die Sportarten Ringen, Leichtathletik, Rudern, Kanusport und Schwimmen betreut. Hier wurde unter anderem Deutschlands erfolgreichste Olympionikin, die Kanutin Birgit Fischer, die in ihrer aktiven Karriere acht Gold- und vier Silbermedaillen gewinnen konnte, trainiert.

Stege und Boote zeugen von Potsdams Wasserliebe

Direkt nach der Fahrt unter dem Bahndamm hindurch taucht auf der rechten Seite das Waldbad Templin auf. Dieses ist der wohl beliebteste Erholungsort nahe der Stadt. Das Strandbad liegt idyllisch im Grünen und schmiegt sich ans Ufer des Sees. Hier kann man das komplette Wassersportangebot genießen: Neben Badestellen und einem FKK-Bereich gibt es auch eine große Rutsche, Tretboote, eine Wakeboardanlage, Beachvolleyballfelder und mehrere Spielplätze. Nachdem das Boot den Templiner See durchquert hat, durchfährt es die Caputher Gemünde, eine sehr schmale Stelle der Havel zwischen dem Templiner See und dem Schwielowsee. An der Anlegestelle „Caputher Gemünd" verlassen wir das Boot. Wer keine Lust auf die Bootsfahrt zur Entdeckung des Templiner Sees hat, der erreicht unseren Ausgangspunkt auch vom Potsdamer Bahnhof aus mit dem Bus 607 (Richtung Werder Bahnhof) oder der Regionalbahn 23 (Richtung Michendorf).

Malerischer Blick von Caputh auf den Templiner See

Caputh

Wir folgen dem Weg am Gemünde entlang ein Stück nach Westen, bis wir die Aussichtsplattform erreichen. Von hier aus hat man einen herrlichen Blick über den Schwielowsee. Direkt nördlich liegt das Seebad Caputh, im Westen kann man Petzow erahnen. Wenn wir uns am Seenpanorama des Schwielowsees sattgesehen haben, folgen wir dem schönen Uferweg in nordöstlicher Richtung. Wer vorher noch ein bisschen Gartenkunst genießen möchte, der kann einen Abstecher nach Süden einbauen und findet in der Geschwister-Scholl-Straße 33 den Altmann-Garten. Peter Altmann war ein Schüler des Gartengestalters Karl Foerster. Fast 30 Jahre lang gestaltete er mit seinem Lehrer die Potsdamer Freundschaftsinsel. In Caputh legte er sich dann seinen ganz persönlichen Landschaftsgarten an. 2005 verstarb Peter Altmann im Alter von 90 Jahren. Sein Garten wird von den neuen Eigentümern weitergepflegt und ist von April bis Oktober zugänglich. Zurück am Wasser, können Besucher am Ende der Uferpromenade seit mehr als

160 Jahren mit der Fähre nach Geltow übersetzen. Seit 20 Jahren bewerkstelligt Seilfähre „Tussy II" diese Aufgabe. Ihre Vorgängerin „Tussy" fuhr die Strecke seit 1942 56 Jahre lang, bis der TÜV sie aus dem Verkehr zog. Ihren Namen bekam die „Tussy" der Legende nach an einem Stammtisch im Fährhaus-Restaurant. Die Fahrgäste beschwerten sich darüber, wie oft „die Tussy" wegen kleinerer Schäden ausfiel. Der Fähre ist das Fährfest gewidmet, das jedes Jahr im August gefeiert wird.

Auch auf die Leinwand hat die „Tussy" es schon geschafft. Sie hatte einen Auftritt in der Anwaltsserie „Edel & Starck", Matthias Schweighöfer stand im Film „Schlussmacher" ebenfalls auf den Planken der kleinen Seilfähre.

Für uns geht es derweil immer am Wasser entlang Richtung Caputher Schloss. Kurz vor dem Schlosspark machen wir einen kleinen Abstecher zum Heimathaus. Dieses liegt in einer ruhigen Spielstraße, umrahmt von Einfamilienhäusern. Die Schätze der schönen Gärten werden von einigen Bewohnern als kleine Geschenke für Spaziergänger ausgelegt, die sich so an einem erfrischenden Apfel oder einem schönen Strauß Gartenblumen erfreuen können. Die Atmosphäre ist beschaulich und verträumt. In einem kleinen Häuschen mit grünen Fensterläden, das aus

Das kleine Schloss Caputh ist über 350 Jahre alt

einer Janosch-Geschichte gepurzelt sein könnte, hat der Caputher Heimatverein seinen Sitz. Im Innern zeigt eine Dauerausstellung die Historie des Orts. Ergänzt wird sie von kleineren Präsentationen zu herausragenden Caputher Söhnen und Töchtern oder Ereignissen rund um die Mark Brandenburg.

Wir erreichen den kleinen Schlosspark, der sich auf dreieinhalb Hektar direkt am Templiner See erstreckt und durch wunderschöne alte Bäume unterteilt wird. Diese sind in lockeren Abständen gepflanzt, sodass immer wieder Blicke aufs Wasser möglich sind. Schon Ende des 16. Jahrhunderts erwarb Katharina von Brandenburg-Küstrin, die damalige Kurfürstin von Brandenburg, das Rittergut Caputh als Sommerresidenz. Im Dreißigjährigen Krieg wurde das Gebäude weitgehend zerstört. Philip de Chiese, der Quartiermeister des Großen Kurfürsten Friedrich Wilhem, ließ auf den Resten ein Landhaus errichten. Der Kurfürst erwarb das Gut schließlich zurück und schenkte es seiner zweiten Ehefrau, der Kurfürstin Dorothea von Brandenburg. Sie ließ das frühbarocke Gebäude in die auch heute noch weitgehend erhaltene Anlage umwandeln und nutzte es bis zu ihrem Tod als bevorzugten Wohnsitz. Damit ist Schloss Caputh das älteste erhaltene Schloss der Potsdamer Kulturlandschaft und ein bedeutendes Zeugnis der Zeit um 1700. Damals war der Park zum großen Teil mit Gemüse bepflanzt.

Das Schloss überstand die Jahrhunderte nahezu unverändert. Friedrich Wilhelm, der Sohn des Großen Kurfürsten Friedrich III., der 1701 als Friedrich I. zum ersten König Preußens wurde, schenkte das Schloss seiner Frau Sophie Charlotte. Es war der Lieblingssitz des Paares und erlebte so Anfang des 18. Jahrhunderts seine glanzvollsten Jahre. Der Soldatenkönig Friedrich Wilhelm I. nutzte das Anwesen als Jagdschloss. Er ließ Wände und Decke des Speisesaals mit über 7000 blau-weißen holländischen Fayencefliesen ausstatten und schuf auf diese Weise eine würdige Räumlichkeit für seine Jagdgesellschaften. Der Saal ist nach dem Fliesensaal im Schloss Oranienbaum bei Wörlitz der älteste in Deutschland und durch seine Gewölbestruktur besonders eindrucksvoll. Neben

Schloss Caputh
Straße der Einheit 2
14548 Schwielowsee
Apr.
Sa, So 10–17.30 Uhr
Mai–Okt.
Di–So 10–17.30 Uhr
Nov.–März
Sa, So 10–16 Uhr
033209 / 7 03 45
www.spsg.de

Der Fliesensaal im Schloss Caputh

dem Fliesensaal ist die Gemäldesammlung im Innern sehenswert. Zu Zeiten der Kurfürstin Dorothea befanden sich 300 Gemälde in dem kleinen Landsitz. Heute sind noch etwas mehr als 100 Bilder zu besichtigen. Unter anderem ist auch das im Zweiten Weltkrieg von britischen Soldaten entwendete Lieblingsbild der Kurfürstin, die „Dame mit Papagei" des niederländischen Malers Willem van Mieris, wieder zu sehen.

Schlafgemach der Kurfürstin im Schloss

Der Nachfolger des Soldatenkönigs Friedrich II. bewohnte das Landgut in Caputh nie. Er verpachtete es an eine Färberei und eine Weberei. Mitte des 18. Jahrhunderts kaufte der preußische Generalleutnant August von Thümen das Schloss. Sein Sohn Wilhelm von Thümen ließ den Park Mitte des 19. Jahrhunderts nach einem Verschönerungsplan von Peter Joseph Lenné umgestalten. Mitte der 1990er-Jahre restaurierte die Stiftung Preußische Schlösser und Gärten das Gut, 1999 öffnete sie es als Museum. Das Schloss, der Schlosspark mit Kavaliershaus und der Wirtschaftshof des Schlosses stehen unter Denkmalschutz.

Das nächste bauliche Juwel findet sich direkt südlich des Schlosses. Die Caputher Dorfkirche ist ein Stüler-Bau aus dem 19. Jahrhundert. Friedrich Wilhelm IV. befahl den Bau im italienischen Stil. Der Kirchturm ist durch eine kleine Sakristei mit dem Hauptschiff verbunden. Die Innenausstattung stammt noch aus der Erbauungszeit. Die Kassettendecke ist mit Sternen gestaltet, und die Taufschale wurde nach einem Entwurf von Karl Friedrich

Schinkel in der Königlichen Porzellanmanufaktur hergestellt. Die friedliche Atmosphäre im Innern des Sakralbaus ist im gesamten Ort spürbar.

Auch Albert Einstein scheint die Ausstrahlung des kleinen Orts am Schwielowsee gespürt zu haben. 1929 beauftragte er Konrad Wachsmann, ihm ein Sommerhaus am Waldrand zu errichten. Eine Dauerausstellung über den berühmtesten Caputher Bewohner befindet sich direkt neben der Dorfkirche im Bürgerhaus. Eigentlich wollte die Stadt Berlin dem bedeutenden Physiker zum 50. Geburtstag ein Sommerhaus mit Seezugang schenken, doch die Suche nach einem geeigneten Grundstück verzögerte sich so lange, dass Einstein schließlich dankend ablehnte und sich selbst auf die Suche machte. Die Unfähigkeit Berlins wurde so für Caputh zum Glücksfall. Das Sommerhaus des berühmten Wissenschaftlers findet sich am östlichen Rand von Caputh, nur wenige Minuten vom Wasser entfernt. Wachsmann errichtete Einstein ein rötlich braunes Holzhaus mit großen Fenstern mit strahlend weißen Rahmen und Läden. Die Innenräume sind holzvertäfelt und waren eher spartanisch ausgestattet. Die Originaleinrichtung ist jedoch nicht mehr vorhanden. Überliefert ist nur: Ein Telefon suchte man hier vergeblich. Anrufer mussten den in der Nähe wohnenden Töpfermeister Wolff anklingeln. Der brüllte die Nachrichten anfangs zu Einstein hinüber, bis Alberts Frau Elsa ihm eine Trompete schenkte. Ab dem Zeitpunkt gab es ein ausgeklügeltes Signalsystem, in dem jedes Familienmitglied seine eigene Tonfolge hatte.

Die Caputher Dorfkirche mit originaler Innenausstattung

Albert Einsteins Caputher Sommerhaus

Albert Einstein soll in den Sommern von 1929 bis 1932 seine glücklichsten Jahre in Caputh verbracht haben: „Das Segelschiff, die Fernsicht, die einsamen Herbstspaziergänge, die relative Ruhe, es ist ein Paradies." Zahlreiche Nobelpreisträger und bekannte Persönlichkeiten waren bei ihm zu Gast, unter anderem Gerhart Hauptmann, Käthe Kollwitz, Heinrich Mann, Erwin Schrödinger und Max Planck. Auch seinen Sohn Eduard wollte er in sein Havel-Refugium locken. Er schrieb ihm: „Sei ein gutes faules Tier, Streck alle Viere weit von Dir. Komm nach Caputh, pfeif auf die Welt, Und auf Papa, wenn Dirs gefällt." Nach der Machtergreifung der Nationalsozialisten kehrten Albert und Elsa Einstein von einer Reise in die USA nicht mehr nach Deutschland zurück. Einsteins Besitz wurde von den Nationalsozialisten konfisziert. Das Haus diente zunächst als Kindergarten und wurde während des Zweiten Weltkriegs auch von der Wehrmacht genutzt. Zum 100. Geburtstag des Physikers wurde es restauriert. Da Einstein nicht wollte, dass das Haus nach seinem Tod als Museum dient, wird es heute für Workshops und Seminare genutzt und trägt so zum wissenschaftlichen, kulturellen und gesellschaftlichen Diskurs bei.

In Caputh fand Albert Einstein sein Paradies

Zum Abschluss unseres Spaziergangs genießen wir den gleichen Ausblick wie der berühmte Physiker und wandern am malerischen Ostufer des Templiner Sees entlang wieder Richtung Potsdam. Wir passieren das Waldbad Templin und das benachbarte Forsthaus Templin. Hier können wir den Tag mit selbst gezapftem Bio-Bier und gutbürgerlicher Küche sowie einem letzten Blick auf den Templiner See ausklingen lassen.

Wer sich noch nicht vom Templiner See verabschieden möchte, kann auf weiteren sechs Kilometern das restliche Seeufer genießen und sich noch den Wissenschaftspark Albert Einstein ansehen. Der Große Refraktor, ein Doppelteleskop in einem Kuppelgebäude auf dem Telegrafenberg, und der Einsteinturm, der zur Überprüfung von Einsteins Relativitätstheorie errichtet wurde und heute als Observatorium dient, sind die markantesten Gebäude des Wissenschaftsparks.

Abreise
Haltestelle „Potsdam, Kieskutenberg"
Bus 607

Mehr Potsdam in drei Ausflügen

Kunst- und Kulturquartier Schiffbauergasse

Ein Rundgang über das Gelände des Kunst- und Kulturquartiers Schiffbauergasse kommt einem Durchmarsch durch alle kulturellen Ausprägungen gleich, die die Stadt Potsdam zu bieten hat. Tanz, Literatur, Theater, Musik, zeitgenössische und moderne Kunst: Hier, direkt am Ufer des Tiefen Sees, bündelt sich die Kreativität. In der Schiffbauergasse treffen sich Kulturszene und innovative Hightechunternehmen. Ein spannendes Gemisch, das es zu entdecken lohnt.

Am Ufer des Tiefen Sees befindet man sich direkt im Zentrum der faszinierenden Melange, die die Schiffbauergasse ausmacht. Vor sich sieht man das strahlend blaue Wasser des Tiefen Sees und den Flatowturm im gegenüberliegenden Park Babelsberg. Mit dem Wasser im Rücken, fällt dem Besucher ein Bau mit einem Türmchen ins Auge. Es ist eines der ältesten Gebäude der Schiffbauergasse. Ende des 17. Jahrhunderts wurde die „Knochenhauer'sche Zichorien-Fabrique" erbaut. In der Zichorienmühle wurde der berühmte Kaffee-Ersatz aus den Wurzeln der Zichorie hergestellt. Damit sollte die große Lust der Preußen auf Kaffee mit dem sogenannten Muckefuck – die schöne Eindeutschung des Begriffs „mocca Faux" – gestillt werden. Nach Einstellung des Betriebs beherbergte die Mühle eine Fabrik für Dachpappe, ein Gaswerk und ein Energiekombinat. Heute kann man in der Zichorienmühle und dem zughörigen Restaurantschiff sehr gut italienisch essen. Die zweite kulinarische Einrichtung ist ein liebevoll aufbereitetes Binnenschiff. Das Restaurantschiff „John Barnett" bietet Zünftiges wie Bauernfrühstück, Fischtopf oder Schnitzel und setzt dem Dampfschiffpionier und Begründer der Schiffbauergasse John Barnett Humphreys Jr. ein Denkmal.

Die historische Zichorienmühle an der Schiffbauergasse

Dass das Gelände deutlich älter ist, als die Bebauungen aus dem 19. Jahrhundert ahnen lassen, zeigte 2002 ein sensationeller archäologischer Fund. Bei den Bauarbeiten zum Volkswagen Design Center stießen Archäologen auf Spuren einer jungsteinzeitlichen Anlage, die erste dieser Art in ganz Brandenburg. Die Wissenschaftler schlossen daraus, dass sich auf dem Gelände der Schiffbauergasse schon 3500 Jahre vor Christus eine jungsteinzeitliche Kultstätte befunden hatte. Später wurde das Gebiet von Slawen besiedelt und landwirtschaftlich genutzt. Anfang des 19. Jahrhunderts wurde auf dem Gelände eine damals hochmoderne Dampfschiffwerft eingerichtet. Mit der „Fürst Blücher" lief das größte Dampfschiff der damaligen Zeit in der Schiffbauergasse vom Stapel. Keine fünf Jahre später wurde die Werft schon wieder wegen zu schmaler und flacher Wasserstraße und fehlender finanzieller Mittel geschlossen. Trotz dieser sehr kurzen Blütezeit verlieh sie der Schiffbauergasse ihren Namen.

Direkt neben der ehemaligen Zichorienmühle findet sich eines der jüngsten Gebäude des Kulturstandorts. Wie ein exzentrischer Hut oder eine geöffnete Blütenknospe wellen sich drei rote Baldachine über der vollständig verglasten Fassade des Hans Otto Theaters. 2006 wurde dieser Theaterbau als einer der wichtigsten Potsdamer Kulturbauten seit der Wende fertiggestellt. Geschaffen hat ihn der Kölner Architekt Gottfried Böhm. Damit endete die Jahrzehnte währende Odyssee des Theaterlebens in Potsdam. Seit das königliche Theaterhaus am Stadt-

Ausladende Dachkonstruktion des Hans Otto Theaters

kanal im Zweiten Weltkrieg niedergebrannt war, fand in Potsdam Theater überall und nirgends statt. Stationen waren unter anderem das historische Schlosstheater im Neuen Palais von Sanssouci und eine Tanzgaststätte. Ein schon im Rohbau befindliches Haus wurde wieder abgerissen, ein Interimsbau – von den Potsdamern liebevoll Blechbüchse genannt – brachte auch keine endgültige Zufriedenheit. Erst Ende der 1990er-Jahre fiel die Entscheidung für den Theaterneubau in der Schiffbauergasse. Weitere Spielstätten sind die Reithalle und die Reithalle Box, die sich auch auf dem Gelände des Kulturstandorts befinden.

Prägend für die Schiffbauergasse als Industriestandort war auch das Gaswerk, das Potsdam von der Mitte des 19. Jahrhunderts bis in die 1990er-Jahre mit Stadtgas versorgte. Im noch erhaltenen Gebäude des Koksseparators hat seit 2003 eine Dependance des US-Softwarekonzerns Oracle seinen Sitz. Es ist genau diese Mischung von Kultur und moderner Industrie sowie von Neubauten und liebevoll restaurierten historischen Gebäuden, die den Reiz der Schiffbauergasse ausmacht. Auf diesem historisch bedeutsamen Areal ist eine beeindruckende Vielzahl von kulturellen Angeboten gewachsen. Höhepunkt dieser Entwicklung waren die 1990er-Jahre. Nach Stilllegung des Gaswerks etablierten sich auf dem Areal seit 1992 zahlreiche Künstler- und Kulturinitiativen. In der ehemaligen Maschinenhalle des Gaswerks hat heute die Fabrik Potsdam ihren Sitz. Die Fabrik gehört zu den wichtigsten zeitgenössischen Tanztheatern Europas. Internationale Tanzkompanien zeigen ihr Können auf der großen Bühne. In den Studios werden Workshops und Kurse angeboten. Besonderes Highlight seit den 1990er-Jahren sind die Potsdamer Tanztage. Ensembles aus der ganzen Welt kommen seit 30 Jahren zu diesem Festival nach Potsdam und zeigen ihr Können.

Schwimmendes Theater am Tiefen See

Direkt am Ufer des Tiefen Sees liegt das Theaterschiff Potsdam. In der Tradition der Schiffbauergasse, Historisches einem modernen Zweck zuzuführen, wurde das 52 Meter lange Binnenschiff zu einem Theaterhaus umgebaut. Im ehemaligen Schleppkahn kann das Publikum nun Comedy- und Kabarettprogramme erleben. Damit bietet das Theaterschiff ein erfrischendes Gegenprogramm zum Hans Otto Theater, das ein umfangreiches Repertoire aus antiken und klassischen Dramen, modernen Theatertexten, Romanadaptionen und Livemusik vorzuweisen hat und pro Spielzeit etwa 20 neue Produktionen erarbeitet.

Auch das T-Werk hat sich ganz dem Theater verschrieben. Das generationsübergreifende Konzept bringt spannende Inszenierungen für Kinder, Jugendliche und Erwachsene hervor. Seit 2004 präsentiert das internationale Theater- und Theaterpädagogikzentrum unter anderem Musiktheater, Schauspiel, Masken- und Figurentheater und ist für eine Reihe jährlicher Theaterfestivals wie das Unidram, das Festival für junges Theater in Europa, verantwortlich. In dem Gebäudekomplex befindet sich auch Potsdams erstes Museum für zeitgenössische und moderne Kunst, das Fluxus+. Dieses setzt seinen Schwerpunkt auf die Fluxus-Bewegung, die sich nicht nur auf das Kunstwerk, sondern auch auf die schöpferische Idee dahinter fokussiert. Das Fluxus+ und das T-Werk befinden sich in einer Reitstallanlage, die von Karl Friedrich Schinkel für die Garde-Husaren errichtet wurde. Im „Reittheater", wie der Volksmund die Gebäude nannte, konnte man den exerzierenden Husaren zuschauen. Die Schinkelhalle und die Reithalle III, auch Russenhalle genannt, wurden in das Ensemble rund um den offenen Schirrhof eingegliedert, sodass eine Reitanlage für jede Wetterlage entstand. Die von Schinkel erbaute Reithalle ist eines der ältesten Gebäude auf dem Gelände und steht unter Denkmalschutz. Bis 1994 hatte ein Funk- und Logistikbataillon des KGB hier seinen Sitz. Heute kann man die Halle für Veranstaltungen buchen.

Am zweiten freien Platz auf dem Gelände, der auch für Open-Air-Veranstaltungen genutzt wird, findet sich ein markantes Backsteingebäude. Die ehemalige Königliche Garnisonswäscherei aus dem 19. Jahrhundert entwickelte sich vom besetzten Haus zu einem genreübergreifenden Kunst- und Kulturraum mit einem Programm aus Musik, Film, Tanz und

Museum Fluxus+
Schiffbauergasse 4f
14467 Potsdam
Mi–So 13–18 Uhr
0331 / 60 10 89 0
www.fluxus-plus.de

Das Offizierscasino bot Räume für Feierlichkeiten

bildender Kunst. Das Waschhaus verzeichnet jährlich mehr als 120 000 Gäste.

Weitere sehenswerte Gebäude sind die ehemalige Husarenkaserne, die ein Truppendienstgericht der Bundespolizei beherbergt, und das ehemalige Offizierscasino, ein neogotischer Backsteinbau mit dem Charme eines kleinen Schlosses, in dem nun eine Kindertagesstätte zu Hause ist. Das Gebäude wurde erbaut, als die Garde-Husaren 1871 zur Leibgarde des deutschen Kaisers ernannt wurden. Es diente den hochrangigen Offizieren für Feiern aller Art, an denen auch Kaiser Wilhelm II. gerne teilnahm. In der DDR-Zeit hatte das Fechtsportzentrum der Nationalen Volksarmee hier seinen Sitz.

Seit den 1990er-Jahren hat sich die Schiffbauergasse in einen einmaligen Ort kreativen Schaffens entwickelt. Sie ist zudem Veranstaltungsort für einige der wichtigsten Kulturfeste in Potsdam. Neben den Potsdamer Tanztagen und dem Unidram findet hier seit zehn Jahren auch das 24-Stunden-Kulturevent „Stadt für eine Nacht" statt, das europaweit einzigartig ist. Einmal im Jahr verwandelt das kostenlose 24-Stunden-Festival das Kulturquartier mit Musik, Shows, Theater und Lichtkunst in eine eigene kleine, interessante Stadt. Die Besucher können sich zwischen den einzelnen Standorten, Bühnen und gastronomischen Angeboten hin und her bewegen und bestaunen, was die kreativen Köpfe Potsdams auf die Beine gestellt haben. So soll das größte Kulturfestival der Region allen offenstehen und die Menschen für Kultur begeistern.

Auf dem Fontane-Radweg von Werder an der Havel nach Potsdam

Die Fahrradroute „FONTANE.RAD" folgt den biografischen und literarischen Spuren Theodor Fontanes und passiert dabei auf über 300 Kilometern die Orte und Landschaften, die in seinem Lebenswerk „Wanderungen durch die Mark Brandenburg" zu finden sind. Wir widmen uns der letzten Etappe der Tour und folgen Fontane von der Blütenstadt Werder an der Havel bis nach Potsdam.

Der Schriftsteller Theodor Fontane

Theodor Fontane wurde in Neuruppin geboren und entschloss sich mit 30 Jahren als freier Schriftsteller und Korrespondent zu arbeiten. 1859 begann er mit der Arbeit an den „Wanderungen durch die Mark Brandenburg", mit denen er Preußen ein bedeutsames Denkmal setzte. Mehr als 30 Jahre arbeitete der Schriftsteller an seinem über 5000 Seiten zählenden fünfbändigen Werk, das ihn zum bedeutendsten deutschen Vertreter des poetischen Realismus machte. Fontane beschreibt darin nicht nur die Landschaften und Orte der Mark Brandenburg, sondern auch eine Vielzahl ihrer Bauwerke wie Schlösser und Klöster. Zudem charakterisiert er die Bewohner und erzählt die Geschichte der Orte. Das Werk gilt als literarischer Spiegel Preußens und zeigt den gewachsenen preußischen Nationalstolz im 19. Jahrhundert. Die Erlebnisse während seiner Wanderungen inspirierten ihn zu großen Romanen wie „Effi Briest" und Gedichten wie „Herr von Ribbeck auf Ribbeck im Havelland".

Was Theodor Fontane damals mit Eisenbahn, Kutsche und zu Fuß erlebte, kann man heute mit dem Fahrrad nachfahren. Die Fontane-Radroute entstand anlässlich seines 200. Geburtstags 2019 und folgt dem Dichter rund 300 Kilometer auf seinem Weg von Oranienburg nach Rheinsberg über Neuruppin und Ribbeck, von Werder bis nach Potsdam. Die Strecke ist in acht Etappen aufgeteilt und wird durch sieben Tagestouren und eine Stadttour durch Neuruppin ergänzt. An etwa 60 Orten, die Fontane besonders beschäftigt haben, geben Informationstafeln Tipps und Auskünfte über Fontanes Geschichten der Mark Brandenburg. Die letzte Etappe des Fahrradwegs führt auf etwa 20 Kilometern von Werder an der Havel bis nach Potsdam.

Der Blütenstadt Werder an der Havel widmete Fontane gleich drei Kapitel in seinem Werk. Er schwärmte von den Knupperkirschen und dem Braunen genannten Bier und fasste die Stadt in einem Gedicht folgendermaßen zusammen: „Blaue Havel, gelber Sand / Schwarzer Hut und braune Hand / Herzen frisch und Luft gesund / Und Kirschen wie ein Mädchenmund." Besonders sehenswert ist die Altstadt von Werder mit der Heilig-Geist-Kirche, die auf einer Havelinsel liegt und komplett unter Denkmalschutz steht. Bekannt ist Werder auch für das Baumblütenfest, das in jedem Frühjahr zur Zeit der Obstblüte gefeiert wird.

Entlang der Glindower Alpen geht es Richtung Petzow. Aus Glindow – seit dem Mittelalter ein Zentrum der Ziegelindustrie – stammen die gelblichen Steine, die für viele Bauwerke der Region typisch sind. Sehen kann man sie zum Beispiel am Marstall oder an der Meierei in Potsdam. Die Glindower Alpen sind riesige Gräben, die durch den Tonabbau entstanden sind. Das Ziegeleimuseum in Glindow zeigt die Geschichte dieses Handwerks. Malerisch am Glindower See entlang geht es zum kleinen Ort Petzow und dem nächsten idyllischen Gewässer: dem Schwielowsee. Der war für Fontane das reizvollste Gewässer in der ganzen Mark: „Der Schwielow ist breit, behaglich, sonnig und hat die Gutmütigkeit aller breit angelegten Naturen ... Ein Gebilde aus Menschenhand."

Fontanes liebstes Gewässer: Der Schwielowsee

Direkt am Ufer liegt das Schloss Petzow. Es ist mit seinem architektonischen Mix aus englischem Neu-Tudor und maurischem Stil überaus sehenswert. Gebaut wurde das Herrenhaus 1825 nach Plänen von Karl Friedrich Schinkel für den Gutsbesitzer Friedrich August Kaehne. Der Schlosspark wurde im Rahmen des „Verschönerungsplans der Umgebung von Potsdam" von Peter Joseph Lenné gestaltet. Im Gutspark verbinden sich malerische Ansichten des Schwielow-

Herrenhaus in Petzow, Schloss genannt

sees und des kleinen Haussees mit exquisiter Gartengestaltung und Eindrücken des Schlossbaus zu einem wundervollen Ganzen. Das Schloss Petzow und der Park dienten als Kulissen für die ZDF-Telenovelas „Bianca – Wege zum Glück" und „Julia – Wege zum Glück". Im Schlosspark wurden zudem die Märchenfilme „Jorinde und Joringel" und „Der Schweinehirt" gedreht. Zum Petzower Ensemble gehört des Weiteren die kleine Dorfkirche von Petzow, die sich kaum 400 Meter entfernt befindet. Der Backsteinbau ist ebenfalls ein Werk von Schinkel. Er wurde durch Friedrich Wilhelm IV. eingeweiht und ist heute das kulturelle Zentrum von Petzow.

Blick von der Baumgartenbrücke auf den Schwielowsee

Am Schwielowsee entlang geht es mit dem Fahrrad weiter Richtung Geltow. Die Baumgartenbrücke am Ortseingang brachte den Dichter besonders zum Schwärmen. Die Uferpromenade bietet malerische Ausblicke auf den See und die Inselstadt Werder. Hingerissen von der Schönheit des Schwielowsees und der Umgebung, nannte Fontane die Brücke in Anlehnung an das gleichnamige Bauwerk in Dresden „Die Brühlschen Terrassen am Schwielowsee". Die Brühlschen Terrassen sind der letzte bestehende Teil der Stadtmauer von Dresden und bieten einen wunderschönen Panoramablick über die Elbe, weshalb sie auch „Balkon Europas" genannt werden. Über das Pendant am Schwielowsee sagte Fontane: „Baumgartenbrück ist noch ein Platz dieser Freiheit. Aber was dauernd hier fesselt, weit über das beste Bier und die bescheidenste Musik hinaus, das sind doch die Gaben der Natur, das ist – wir deuteten es schon an – die Schönheit des Platzes." Im Restaurant „Baumgartenbrück", das direkt an der Brücke liegt, saß Fontane schon 1869 bei einem „Braunen", skizzierte die Brücke in seinem Tagebuch und beobachtete den regen Schiffsverkehr.

Wir radeln am Ostufer des Schwielowsees entlang und erreichen das Seebad Caputh. Hier können wir noch einen Blick zurück nach Petzow auf der anderen Seeseite werfen. Für Fontane gehörten Caputh und Petzow untrennbar zusammen: „Wie Buda-Pest, oder wie Köln und Deutz ein Doppelgestirn bilden,

Historische Brücke über das Caputher Gemünde

so auch Caputh und Petzow." Das Caputher Gemünde können wir nun über die historische Eisenbahnbrücke oder mithilfe der Seilfähre überqueren. Die Eisenbahnbrücke erlaubt einen letzten, aber ausführlichen Blick auf den Schwielowsee. Bei der Überfahrt mit der Seilfähre muss man die Aussicht auf das Caputher Gemünde und die westlichen Ausläufer des Templiner Sees rasch genießen, denn sie dauert nicht einmal eine Minute. Seit 160 Jahren kann man mit der Fähre von einem Ufer ans andere übersetzen. Diese Arbeit bewerkstelligt seit über 20 Jahren die Seilfähre „Tussy II".

Wir erreichen Caputh, Fontanes „Chicago am Schwielowsee". Der Vergleich mit der Stadt am Ufer des Michigansees ist dabei durchweg als Kompliment zu verstehen. Fontane bewunderte den Fleiß und die Energie der Caputher, die das kleine Dorf durch harte Arbeit zu einem ernst zu nehmenden Konkurrenten für die umliegenden Dörfer machte.

Caputh entwickelte sich zu einem Zentrum für Gartenbau und Handel. Die Caputher Frauen bauten Erdbeeren an und machten den Obstbauern in Werder Konkurrenz, die Männer arbeiteten zu einem großen Teil als Schiffer und transportierten die Ziegel der umliegenden Ziegeleien nach Potsdam und Berlin. Caputh lag strategisch günstig, nahezu alle mussten auf ihrem Weg in die Metropolen an dem kleinen Ort vorbei. Zu Fontanes Zeiten hatte Caputh eine Flotte von Hunderten Kähnen. Vier Tischlereien erinnern noch heute an die florierende Bootsbauerzunft von damals. Fontane beobachtete das lebhafte Treiben des Dorfes von einer Gaststätte aus. Nach einem ausufernden Segeltörn über den Schwielowsee war Fontane in den 1860er-Jahren hier gestrandet und zunächst – ganz Berliner Snob – gar nicht davon begeistert, in diesem Dorf die Nacht zu verbringen. Doch er hielt sich an seinen eigenen Grundsatz: „Wer in der Mark reisen will, der muss zunächst Liebe zu ‚Land und Leuten' mitbringen, mindestens keine Voreingenommenheit. Er muss den guten Willen haben das Gute gut zu finden, anstatt es durch krittlige Vergleiche tot zu machen." So lernte er auch die fleißigen Caputher lieben. Ein Grund für den großen Anklang, den sein Werk bei den Lesern und auch bei den Bewohnern der Mark Brandenburg fand, ist mit Sicherheit diese liebevolle Art, mit der sich Fontane mit der Region und den Menschen auseinandersetzte. Seine Aussagen sind zwar auch in weiten Teilen mit einer leisen Ironie durchzogen, doch grundsätzlich spricht aus den „Wanderungen in der Mark Brandenburg" eine große Wertschätzung Fontanes für Land und Leute der Mark. Kein Wunder also, dass nahezu sämtliche Regionen, die der Dichter beschrieb, die Verbindung zu Fontane auch heute noch voller Stolz präsentieren. Wenige Meter von dem Ort entfernt, an dem Fontane seine Nacht in Caputh verbrachte, kann man heute im Fährhaus direkt am Wasser sitzen, sich erfrischen und der Seilfähre zusehen, die beharrlich ihre Passagiere hin- und hertransportiert.

Auch das Schloss von Caputh hat natürlich seinen Weg in Fontanes Reisebericht gefunden. So schwärmte er: „Wer hat nicht von Caputh (so heißt das Dorf) gehöret, Das, in verwichner Zeit, die größte Zier besaß, Als Dorothea sich, die Brandenburg noch ehret, Das Schloß am Havelstrom zum Witwensitz erlas." Fontane bezieht sich hier auf Kurfürstin Dorothea von Brandenburg, die Witwe des Großen Kurfürsten Friedrich Wilhelm, die das Schloss bis zu ihrem Tod bewohnte. Schloss Caputh ist das einzige Schloss des Brandenburger Frühbarocks aus der Zeit des Großen Kurfürsten, das bis ins 21. Jahrhundert nahezu unverändert geblieben ist. Die Außenfassade, die Räume sowie Stuck und Deckengemälde sind noch in genau dem Zustand, in dem auch Fontane sie schon bewundert hat. Es ist ein faszinierendes Gefühl, durch die Schlossräume zu wandeln und sich einzubilden, Fontane sei erst gestern hier gewesen.

Festsaal im Schloss Caputh mit aufwendigem Stuck

Das letzte Stück der Radtour verläuft bis nach Potsdam am Wasser des Templiner Sees entlang. Hier finden Tour und Hauptroute ihr Ende. Wer nach diesen Ausflügen in Fontanes „Wanderungen durch die Mark Brandenburg" noch nicht genug hat, der findet in Potsdam das Theodor-Fontane-Archiv. Es wurde in den 1930er-Jahren gegründet und beinhaltet Handschriften, Literatur und anderen Medien zu Fontane und seiner Zeit. Seit 2017 ist es in der Villa Quandt am Fuß des Pfingstbergs zu Hause. Der Nachlass Fontanes enthält unter anderem eine Handschriftensammlung mit Auszügen aus den „Wanderungen durch die Mark Brandenburg" und aus seinen Tagebüchern. Die wertvollsten Stücke sind einige Erstdrucke und Erstausgaben von Werken Fontanes so-

Die Villa Quandt liegt am Fuß des Pfingstbergs

wie über 100 Bände aus Fontanes eigener Bibliothek. Wir verabschieden uns von dem Dichter und seiner Mark und überlassen ihm das letzte Wort: „Ich bin die Mark durchzogen und habe sie reicher gefunden, als ich zu hoffen gewagt hatte. Jeder Fußbreit Erde belebte sich und gab Gestalten heraus ... Wohin das Auge fiel, alles trug den breiten historischen Stempel."

Das königliche Mustergut Bornstedt und der Volkspark

Das Krongut und der Friedhof Bornstedt sowie der Volkspark fügen sich als Teile des UNESCO-Welterbes in das berühmte Ensemble der Schlösser und Gärten von Potsdam ein. Sie bieten dabei ganz andere spannende Facetten als die vollendet gestalteten Anlagen von Sanssouci, Glienicke oder Babelsberg. Im „italienischen Dörfchen" Bornstedt kann man Welterbe-Flair abseits vom Trubel erleben, und der Volkspark ist anders als seine hohenzollerngeprägten Pendants ein lebendiger Freizeittreff für alle Potsdamer.

Vom Orangerieschloss im Norden des Parks Sanssouci aus sind es über die Ribbeckstraße keine zehn Minuten Fußweg zum Krongut Bornstedt. Bestechen in den vollendet gestalteten Schlossparks von Potsdam einzelne Bauten mit italienischem Charme, so wurde das mediterrane Flair im „italienischen Dörfchen" Bornstedt auf die Spitze getrieben. Verant-

Herrenhaus und Brauhaus im Krongut Bornstedt

wortlich dafür sind natürlich der Romantiker Friedrich Wilhelm IV. sowie Peter Joseph Lenné, der hier in Bornstedt mit der Umsetzung seines „Verschönerungsplans für die Insel Potsdam" begann.

Als Erstes fällt das imposante rötliche Herrenhaus mit seinem Turm und dem beeindruckenden Kampanile der Kirche dahinter ins Auge. Besonders bei gutem Wetter stellen sich schnell mediterrane Gefühle ein, obgleich man hier auf einer urbrandenburgischen Kopfsteinpflasterstraße wandelt. Die Geschichte Bornstedts reicht bis ins 12. Jahrhundert zurück. Esicus de Burnenstede, ein Adliger aus dem Gefolge von Albrecht dem Bären, dem Begründer der Mark Brandenburg, erhielt das Gebiet nach der Eroberung des Havellandes und benannte es nach seinem Geburtsort im Harz Burnstedt. Landwirtschaft bestimmte das Leben der Bornstedter Bevölkerung. Um 1330 wurde ein Rittergut errichtet, das den Vorläufer des Kronguts bildete. Kurfürst Friedrich Wilhelm erwarb das Areal samt dem Gut Ende des 17. Jahrhunderts. Auch der Große Kurfürst hegte schon einen Plan zur Gesamtverschönerung der Insel Potsdam, denn „das gantze Eyland muss ein Paradies werden". So kaufte der Große Kurfürst unter Aufbietung sämtlicher finanzieller Mittel Rittergüter in der Potsdamer Umgebung von Bornim bis Glienicke auf, unter anderem die Rittergüter in Caputh und Bornstedt.

Friedrich Wilhelm IV. sicherte sich das Gut direkt nach seinem Regierungsantritt. Nach einem verheerenden Brand, dem das alte Krongut bis auf wenige Reste zum Opfer fiel, konnte der Romantiker den Wiederaufbau ganz an seinem eigenen Geschmack ausrichten. Er ließ das Gelände von Johann Heinrich Haeberlin im italienischen Stil umgestalten und schuf sich so sein ganz eigenes mediterranes Dörfchen in Brandenburg. Es beinhaltete ein Herrenhaus, eine Schule, mehrere Wirtschaftsgebäude und eine Kirche in italienischer Landhausarchitektur. Steht man auf dem Marktplatz des Kronguts, kann man nach einem raschen Rundumblick zum ersten Mal nachempfinden, was Friedrich Wilhelm IV., gefangen in seiner Italiensehnsucht, hier geschaffen hat. Großzügige, in hellen Beige- oder Rosétönen gefärb-

Krongut Bornstedt
Ribbeckstraße 6/7
14469 Potsdam
Hofbäckerei
Mo–So ab 8 Uhr
Restaurant Brauhaus
Mi–So ab 12 Uhr
Hofflorist, Gutsladen,
Zinnfiguren Museum
Mi–So ab 10 Uhr
0331 / 55 06 50
www.krongut-bornstedt.de

te Gebäude gruppieren sich um einen großzügigen Platz. Die verspielte italienische Architektur verleiht den Gebäuden ein warmes und freundliches Gesamtbild. Kaum verständlich, dass der „Romantiker auf dem Thron" sein italienisches Refugium nie bewohnt hat.

1867 zogen Friedrich Wilhelm, der später für 99 Tage unter dem Titel Kaiser Friedrich III. regierte, und seine englische Gemahlin Victoria ins Krongut. Sie bauten es als landwirtschaftliches Mustergut mit Milchvieh und Hühnern aus. Solche Güter wurden als Versuchsbetriebe genutzt und dienten Landwirten zu Lehrzwecken. Prinzessin Victoria, die älteste Tochter der gleichnamigen Königin von England, führte die Ausgestaltung des Kronguts fort. Sie ließ den Garten durch Emil Sello aus der Hofgärtner-Dynastie Sello in einen bezaubernden englischen Landhausgarten verwandeln. Die königliche Gutsherrenschaft machte das kleine Dörfchen auf einen Schlag bekannt und sorgte für einen wirtschaftlichen Aufschwung. Eine kulturelle Blüte erlebte Bornstedt nach dem Tod Friedrichs III., als Victorias jüngere Schwester Prinzessin Feodora das Krongut bezog und es zu einem künstlerischen und literarischen Zentrum machte. Die Künstler fanden im angrenzenden Bornstedter See ein reizendes Motiv für ihre impressionistische Malerei und romantische Dichtung. Der von Prinzessin Victoria angelegte Rosengarten lud zu einem Spaziergang ans Seeufer ein. Daran hat sich auch heute nicht viel geändert. Das Herrenhaus mit seinem Säulengang und dem kleinen Turm überblickt

Idyllisches Plätzchen am Bornstedter See

den neu angelegten Garten, in dem edle rosafarbene und weiße Rosen blühen.

Das Krongut ist mittlerweile ein beliebtes Ausflugsziel für alle geworden. Die Seeterrasse lädt zu einer Pause auf den gemütlichen Liegestühlen am Wasser ein. Kinder können sich das Hoftiergehege mit Schweinen, Schafen und Pfauen ansehen und sich auf dem nahe gelegenen Spielplatz austoben. Besonders kulinarisch bietet das Krongut mittlerweile Hochgenuss. Im Hofbrauhaus direkt neben dem Herrenhaus wurde schon Ende des 17. Jahrhunderts Bier gebraut und Schnaps gebrannt, und auch heute kann man diese Traditionen noch hautnah miterleben und natürlich von den Ergebnissen kosten. Das älteste Bier Potsdams, das „Bornstedter Büffel", wird hier gebraut. Wer sich eher dem Rebensaft verbunden fühlt, der findet gegenüber eine Weinscheune. Kulinarisch ergänzt wird das Angebot durch ein exquisites Restaurant und die Königliche Hofbäckerei. Neben der Bäckerei findet sich in der Brandenburg-Manufaktur außerdem der Königliche Hofflorist und das Zinnfigurenmuseum, in dem über 20 000 Zinnfiguren ausgestellt sind. Neben Ausflüglern, die das Krongut bei einem Bummel über das Gelände erkunden, gibt es auch immer wieder Brautpaare, die sich in Bornstedt trauen lassen und ihre Hochzeit auf dem Gelände feiern. Der letzte Eigentümer des Guts war Kronprinz Wilhelm von Preußen, Sohn des letzten deutschen Kaisers Wilhelm II. Nach seiner Enteignung 1950 ging das Gelände in den Besitz des Landes Brandenburg über. Ende der 1990er-Jahre wurde das Krongut rekonstruiert und restauriert, sodass es heute wieder in seiner beeindruckenden historischen Form zu erleben ist.

Die Königliche Hofbäckerei gibt es seit 1701

Im Zuge von Friedrich Wilhelms IV. Verschönerungen wurde in den 1840er-Jahren auch die Dorfkirche Bornstedts im italienischen Stil gebaut. Das Kirchen- und Turmensemble ist ein Gemeinschaftswerk der Architekten Friedrich Ludwig Persius und Friedrich August Stüler. Blickfang ist der über 30 Meter hohe Kampanile, der mit seinem Säulengang als Eingangspforte zu Kirche und Friedhof fungiert. Der Friedhof existiert schon seit dem 16. Jahrhundert und ist für

Die Dorfkirche Bornstedt von Persius und Stüler

über 500 namhafte Personen zur letzten Ruhestätte geworden. Henri de Catt, der engste Vertraute und Privatsekretär von Friedrich II., liegt hier ebenso begraben wie Mathilde Gräfin von Keller, die Hofdame der letzten deutschen Kaiserin. Die Begräbnisstätte ist einer der schönsten und berühmtesten Friedhöfe Potsdams. Knorrige alte Bäume und natürliche Sträucher bestimmen das Bild. Im Gegensatz zu den bis ins kleinste Detail ausgestalteten herrschaftlichen Gärten und Parkanlagen wurde die Natur hier in ihrer ursprünglichen Schönheit bewahrt. Wie passend erscheint es da, dass der Friedhof ebenfalls die Ruhestätte ganzer Dynastien von Hofgärtnern ist. Wo die Gestalter der vollendeten Parkanlagen ihre letzte Ruhe gefunden haben, darf auch die Natur ruhen und sich in ihrer ursprünglichen Form ausleben. Ein Teil des Friedhofs ist ausschließlich für Mitglieder der berühmten Hofgärtnerfamilie Sello reserviert. Neben Angehörigen der Gärtnerfamilien Sello und Nietner sowie den Architekten Ludwig Persius und Reinhold Persius liegt hier der bedeutsamste Gartenarchitekt der Potsdamer Parks, Peter Joseph Lenné, begraben. Damit bestätigt er Theodor Fontanes Zitat, der nach seinem Spaziergang über den Friedhof schrieb: „Was in Sanssouci stirbt, wird auch in Bornstedt begraben."

Neben dem beliebten Ausflugsziel Krongut Bornstedt und dem historisch bedeutsamen Friedhof bietet der Potsdamer Stadtteil Bornstedt noch den jüngsten Park der beeindruckenden Gartenlandschaften der brandenburgischen Hauptstadt. Der Volkspark östlich des Kronguts, direkt jenseits des Ruinenbergs, ging erst Anfang der 2000er-Jahre aus dem Gelände der Bundesgartenschau von 2001 hervor. Auf 65 Hektar bietet er in fünf verschiedenen Bereichen umfangreiche Möglichkeiten zur Freizeitnutzung. Im Gegensatz zu den zahlreichen historischen Parkanlagen macht der Volkspark seinem Namen alle Ehre. Ob Joggen, Picknicken, Radfahren oder Skaten – hier ist alles erlaubt und sogar erwünscht. Die Rasenflächen sind zum Betreten und Fußballspielen gedacht und eigens dafür gestaltet. Ob Erholung suchende Großstädter, sportbegeisterte Familien oder Kultur-

Lenné-Grabstätte auf dem Bornstedter Friedhof

Pyramidengarten auf dem Bornstedter Feld

und Blumenliebhaber – der Volkspark bietet für alle Teile der Potsdamer Bevölkerung das Richtige.

Wir betreten das Gelände am Kleinen Wiesenpark. Die große Freifläche ist besonders im Herbst zum Internationalen Drachenfest eine echte Attraktion. Drachenflieger aus der ganzen Welt zeigen ihr Können in verschiedenen Flugshows. Darüber hinaus kann jeder seinen eigenen Drachen steigen lassen. Das Drachenfest ist nur eine der vielen Veranstaltungen, die über das Jahr verteilt im Volkspark stattfinden. Kinderflohmärkte, geführte Naturwanderungen, Jahrmärkte, Osterfeuer, Ritterfeste und Lauftreffs – egal zu welcher Jahreszeit, im Volkspark wird immer etwas geboten.

Naturliebhaber kommen besonders in den Parkbereichen „In den Wällen" und „Waldpark" auf ihre Kosten. In den Wällen gibt es Rosenbeete, Dahlienpflanzungen, Lavendelhaine und die äußerst sehenswerten, markanten Pyramidengärten. Die Staudenpflanzungen auf Skulpturen aus Muschelkalk geben dem Bereich ein ganz besonderes Flair. Die durchdachten Bepflanzungen machen den Park zu einem dauerhaften Blütenmeer. Der Waldpark wiederum bezaubert durch seine Naturbelassenheit und seine alten Baumbestände. Mit der gigantischen Röhrenrutsche und den Riesentrampolinen, die wie Erscheinungen aus den Wäldern auftauchen, kommen hier auch Kinder voll auf ihre Kosten. Im nördlich gelegenen sogenannten Remisenpark werden Shetlandschafe zur Rasenpflege eingesetzt. Im direkt angrenzenden Nomadenland warten drei gemütlich

Teil des Volkspark Potsdam: Nomadenland

mit Fellen und Decken eingerichtete kirgisische Zelte, sogenannte Jurten, auf die Besucher. Hier finden regelmäßig Märchenlesungen in kuscheliger Zeltatmosphäre statt. Es gibt außerdem Kreativworkshops, Übernachtungen und Baumkletterkurse.

Weitere Angebote, die besonders für die kleinen Besucher des Volksparks gedacht sind, sind unter anderem die Fußballschule, in der sie sich von den Trainern in die hohe Kunst des Kickens einweisen lassen können, oder der Kinder- und Jugendcircus Montelino, in dem Akrobatik, Jonglage oder Clownerie auf dem Programm stehen. Jugendliche und fitte Erwachsene können sich im Remisenpark am Discgolfparcours austoben. Bei dieser Trendsportart werden statt Golfbällen Frisbeescheiben kunstvoll eingelocht. Eine Attraktion, die alle Besucher begeistert, ist die Biosphäre. Die große Tropenhalle südlich des Remisenparks und nahe dem Haupteingang des Volksparks beherbergt etwa 20000 tropische Pflanzen und kleinere Tiere wie Affen, Schlangen, Vögel und Schmetterlinge.

Potsdam in drei Fragen

Wo spielt sich das jüdische Leben in Potsdam ab?

Trauerhalle des Jüdischen Friedhofs

Das jüdische Leben in Potsdam hat eine lange Tradition. Bereits im 17. Jahrhundert waren zwei jüdische Familien hier ansässig, bis Mitte des 18. Jahrhunderts stellten Juden fast die Hälfte aller Potsdamer Unternehmer. Friedrich II. schenkte den Potsdamer Juden schließlich einen Begräbnisplatz am Pfingstberg. Der Jüdische Friedhof wurde mehrfach erweitert und ist durch seine lange Historie ein einzigartiger Gedenkort der jüdischen Gemeinschaft in Potsdam. Er beherbergt heute mehr als 500 Gräber aus drei Jahrhunderten und steht zusammen mit der 1910 eingeweihten neoklassizistischen Trauerhalle unter Denkmalschutz. Der Jüdische Friedhof ist die einzige noch heute genutzte jüdische Begräbnisstätte in ganz Brandenburg. An den Oberkantor der Potsdamer Synagoge, Samuel Guttmann, erinnert auf dem Friedhof ein Gedenkstein.

Die erste Synagoge der ehemaligen Garnisonstadt wurde 1741 geweiht. Anfang des 20. Jahrhunderts gab es einen Neubau am heutigen Platz der Einheit. 1925 lebten in Potsdam etwa 600 Juden. Während der Reichspogromnacht wurde die Synagoge verwüstet. Der Jüdische Friedhof und die Trauerhalle wurden auch geschändet. Im Zweiten Weltkrieg fiel die Synagoge einem Luftangriff zum Opfer. Die Reste des Gebäudes wurden in den 1950er-Jahren abgetragen. Über 30 Jahre nach dem Ende des Zweiten Weltkriegs wurde auf dem Grundstück der ehemaligen Synagoge ein Gedenkstein angebracht.

Eine Gedenktafel erinnert an die Reichspogromnacht

Im Dritten Reich wurden die meisten männlichen Potsdamer Juden in „Schutzhaft" genommen und ins Konzentrationslager Sachsenhausen verschleppt. Ältere Juden, die nicht mehr selbstständig emigrieren konnten, blieben im Jüdischen Altersheim in

Potsdam-Babelsberg, bis sie ins Rigaer Ghetto, nach Theresienstadt oder Auschwitz deportiert wurden. Die meisten kamen dort gewaltsam ums Leben. 1988, zum 50. Jahrestag der Reichspogromnacht, wurde in der Spitzweggasse in Babelsberg ein Gedenkstein für die deportierten jüdischen Bürger aufgestellt.

Seit 2008 werden in Potsdam sogenannte Stolpersteine verlegt, die an Opfer des Holocaust erinnern sollen. Inzwischen kann man im gesamten Potsdamer Stadtgebiet etwa 40 dieser Gedenksteine finden. Außerdem erinnern die Namen von 21 Potsdamer Straßen an ehemalige jüdische Bürger. Seit den 1990er-Jahren entwickelt sich langsam wieder ein lebendiges jüdisches Leben in Potsdam. 1996 gründete sich die „Jüdische Gemeinde Stadt Potsdam". Sie besteht zum großen Teil aus Zuwanderern aus Osteuropa und leistet viel soziale Arbeit für die meist älteren Migranten.

Stolperstein für Samuel Guttmann, Oberkantor der Synagoge

Anfang der 1990er-Jahre gründete sich auch das Moses Mendelssohn Zentrum für europäisch-jüdische Studien. Es betreibt Grundlagenforschung zur Geschichte, Religion und Kultur des Judentums in Europa. Das im November 2000 gegründete Abraham Geiger Kolleg war zudem das erste Rabbinerseminar in Europa nach dem Holocaust und bis 2009 auch das einzige Rabbinerseminar Deutschlands. Seit 2008 werden auch Kantoren ausgebildet, die Vorsänger, die die jüdischen Gottesdienste durch ihre gesungenen Gebete wesentlich gestalten. Mit der 2013 an der Universität Potsdam eröffneten School of Jewish Theology gibt es neben christlicher Theologie und Islam-Studien nun auch einen Studiengang für jüdische Theologie. Der Studiengang ist in seiner Art einmalig in Europa.

Ordiniert werden müssen die Rabbinerinnen und Rabbiner jedoch noch immer in einer Berliner Synagoge. Denn auch wenn sich im jüdischen Leben Potsdams viel getan hat, eine Synagoge gibt es hier nicht. Dabei wären sowohl Platz als auch Geld vorhanden. Ein unscheinbares Baugrundstück in der Schloßstraße 1 zeugt von einem beispiellosen Streit um den Synagogenneubau.

Dennoch gibt es neue Hoffnung für die fünf jüdischen Gemeinden der Stadt. Am Neuen Palais soll ein einzigartiges Zentrum jüdischer Gelehrsamkeit entstehen. Das Abraham Geiger Kolleg, das Zacharias Frankel College und die School of Jewish Theology sollen hier unter einem Dach vereinigt und um das Herzstück des Komplexes, die erste Potsdamer Synagoge seit dem Zweiten Weltkrieg, gruppiert werden.

Wo kommen Filmfans in Potsdam auf ihre Kosten?

Das Herz der Filmschaffenden in Potsdam liegt natürlich im Stadtteil Babelsberg. Hier befindet sich mit dem Filmstudio Babelsberg das älteste Filmstudio der Welt. 1912 gegründet, gilt es als Wiege des deutschen Films und als Vorläufer von Hollywood. Von der Kaiserzeit bis ins 21. Jahrhundert wurden hier bislang mehr als 3000 Filme produziert. Mit 21 Studios auf über 170 000 Quadratmetern ist es zudem einer der größten Studiokomplexe Europas. Die erste große Produktion des Studios war der berühmte Stummfilm „Metropolis" von Fritz Lang. Seitdem entstanden in Babelsberg unzählige erfolgreiche Filme und Serien. Allein in den letzten 20 Jahren wurden Produktionen aus dem Studio Babelsberg 15 Mal mit einem Oscar in verschiedenen Kategorien ausgezeichnet. Mittlerweile werden im Studio Babelsberg auch immer mehr Inhalte für moderne Streamingdienste wie Netflix oder Amazon Prime Video produziert. 2016 wurde in Babelsberg eine der größten und modernsten Außenkulissen Europas eröffnet. Vier Straßenzüge mit Innenhöfen in unterschiedlichen architektonischen Stilen lassen sich in jede beliebige Metropole der Welt verwandeln. Die erste Produktion, die in dieser Außenkulisse realisiert wurde, war die ARD-Serie „Babylon Berlin".

Im Filmmuseum nahe dem neuen Stadtschloss können sich Interessierte eine Ausstellung zu der mehr als 100-jährigen Geschichte der Filmstadt Babelsberg ansehen. Die Umgebung der Filmstudios zog natur-

Villa Lademann, im Volksmund auch „Rühmann-Villa"

gemäß viele Schauspielerinnen und Schauspieler und andere Filmgrößen an. Sie ließen sich besonders gern in der Ende des 19. Jahrhunderts erbauten Villenkolonie Neubabelsberg am Ufer des Griebnitzsees nieder. So fanden sich hier die Wohnungen von Leinwandstars wie Marika Rökk oder Brigitte Horney. Die Villa Lademann ist eines der bekanntesten Häuser. Sie wurde als Gästehaus für die Schauspieler genutzt, die in den Studios drehten, und beherbergte unter anderem Hans Albers, Heinz Rühmann und Marlene Dietrich.

Direkt neben den Filmstudios entstand in den 1990er-Jahren der Filmpark Babelsberg. Besucher sollten mit typischen Filmarbeitsplätzen, Original-Filmrequisiten und Außendekorationen einen Einblick in die deutsche Filmgeschichte bekommen. Nach und nach wurde das Angebot des Parks um Studiotouren und Stuntshows erweitert. Heute bietet der Filmpark mehr als 20 filmspezifische Attraktionen und vier Liveshows, die unter anderem Einblicke in die Arbeit von Stuntmen und Filmtieren geben. Ein 4D-Kino und Deutschlands erstes 360-Grad-Kino in einer riesigen blauen Kugel sorgen für futuristische Filmmomente. Fans der TV-Serie „Gute Zeiten, schlechte Zeiten" können das Außenset ihrer Lieblingsserie besuchen, darüber hinaus gibt es noch verschiedene andere Originalkulissen zu sehen. Besucher bekommen einen Einblick in die Arbeit von Requisite, Maske und Kostüm. Es gibt eine Westernstraße und eine Mittelalterstadt.

Zwei weitere Komplexe machen die Babelsberger Medienstadt komplett: der Standort Potsdam des Rundfunks Berlin-Brandenburg und die Filmuniversi-

Im einstigen Marstall befindet sich das Filmmuseum

tät Babelsberg Konrad Wolf. Die Filmuniversität ist die älteste und größte Filmhochschule Deutschlands. Hier werden unter anderem Studiengänge wie Animation, Drehbuch, Film- und Fernsehproduktion oder Filmmusik angeboten. Der rbb betreibt in Potsdam sechs Hörfunkprogramme und produziert „Brandenburg aktuell", „rbb aktuell" und „zibb". Außerdem befindet sich in Babelsberg das Deutsche Rundfunkarchiv.

Es verwundert nicht, dass Potsdam als Filmstadt par exellence auch als Kulisse beliebt ist. Das ehemalige Babelsberger Rathaus tauchte in der berühmten „Feuerzangenbowle" auf, Romy Schneider wanderte in dem Film „Mädchen in Uniform" durch das Jagdschloss Glienicke, Tom Hanks überwachte den Agentenaustausch in „Bridge of Spies – Der Unterhändler" am Originalschauplatz, der Glienicker Brücke, und Teile des Kultfilms „Die Legende von Paul und Paula" entstanden im Strandbad Babelsberg. Das Holländische Viertel wurde für die US-Serie „Homeland" kurzerhand zu Amsterdam, das Orangerieschloss für den Kung-Fu-Film „In 80 Tagen um die Welt" zu Istanbul. Es ist praktisch, wenn eine einzige Stadt so viele Facetten zu bieten hat. Das Rathaus in der Friedrich-Ebert-Straße ist Krimifans aus „Polizeiruf" und „Pfarrer Braun" bekannt und spielt auch in der Serie „Jerks" eine Rolle, das Kommissariat der „SOKO Potsdam" sitzt in der Gutenbergstraße nahe dem Holländischen Viertel. Besonders beliebt für Kinoproduktionen war die ehemalige Kaserne Krampnitz. In der Heeres-Reitschule wurden bis 1944 Reiter ausgebildet. Ab 1992 wurde das Militärgelände am nördlichen Stadtrand von Potsdam nicht mehr genutzt und stand leer. Die halb verfallenen Gebäude und maroden Fassaden machen es zu einer perfekten Kulisse für Endzeit- oder Kriegsfilme. Szenen aus „Inglourious Basterds", „Resident Evil", „Monuments Men", „Die Tribute von Panem" und anderen Kinofilmen und Serien wurden hier gedreht. Seit 2018 wird das ehemalige Armeegelände umgebaut und soll bis 2024 zu einem neuen Potsdamer Wohnviertel für bis zu 7000 Menschen werden.

Potsdams Verdienste um den Film wurden 2019 auch von der UNESCO gewürdigt. Potsdam ist Deutsch-

Turm im Eingangsbereich der Kaserne Krampnitz

lands erste UNESCO Creative City of Film und reiht sich damit in die Riege von Filmstädten wie Mumbai und Wellington ein.

Wo kann man rund um Potsdam unberührte Natur erleben?

Heidelandschaften so weit das Auge reicht, dazwischen freilaufende Wildpferde, Rothirsche und Wisente. Und für dieses einmalige Naturerlebnis muss man nicht einmal weit fahren. Etwa 20 Kilometer nördlich von Potsdam befindet sich Sielmanns Naturlandschaft in der Döberitzer Heide. Diese besteht zum größten Teil aus dem Gebiet des ehemaligen Truppenübungsplatzes Döberitz. Kaiser Wilhelm II. ließ das Gelände Ende des 19. Jahrhunderts vom Militärfiskus einziehen, um es für militärische Übungen zu nutzen. Das Areal gilt als größter Übungsplatz Deutschlands. Hier wurden militärische Manöver getestet, Schießübungen durchgeführt und Truppen sowie Offiziere ausgebildet. Bis 1992 wurde das Gelände nacheinander von der preußischen Armee, der Reichswehr, der Wehrmacht und den sowjetischen Besatzungstruppen genutzt. Ab dem 20. Jahrhundert wurden hier auch Piloten ausgebildet und später neue Fluggeräte erprobt. Das Areal diente zudem nach dem Zweiten Weltkrieg für kurze Zeit als Flüchtlingslager, bevor es dann von der Sowjetarmee für bis zu 20000 Soldaten genutzt wurde. Nach dem Abzug der militärischen Truppen in den frühen 1990er-Jahren wurden die Kasernengebäude schrittweise abgerissen und Teile des Geländes als Neubaugebiete erschlossen.

Militärischer Relikte in der Döberitzer Heide

1997 wurde das Gebiet unter Naturschutz gestellt. Sieben Jahre später erwarb die Heinz Sielmann Stiftung das Areal. Die Stiftung des berühmten Natur- und Tierfilmers hat sich das Ziel gesetzt, Menschen mit ihren Projekten die Natur näherzubringen und sie so für deren Erhalt und Schutz zu begeistern. Auf elf Naturschutzflächen in ganz Deutschland versuchen die Naturschützer Lebensräume für bedrohte Tier- und Pflanzenarten zu bewahren. In Döberitz

Przewalski-Pferde in dem Naturschutzgebiet

konnten auf über 3500 Hektar, also etwa ebenso vielen Fußballfeldern, Wisente, Przewalski-Pferde und Rothirsche angesiedelt werden. Wisente und Przewalski-Pferde galten bis dato in freier Wildbahn als ausgestorben und waren nur noch in Zoos zu sehen. In der Döberitzer Heide leben sie wieder frei in der Natur und erfüllen auch noch einen wichtigen Zweck, indem sie den Pflanzenbewuchs mäßigen und damit die geschützte Heidelandschaft erhalten. Die Wisente fühlen sich in der brandenburgischen Heide so wohl, dass sie sich seit ihrer Auswilderung schon erfolgreich vermehrt haben. Zum Schutz der Wildtiere wurde eine umzäunte Wildniskernzone eingerichtet. Die geschützte Zone kann auf einem 25 Kilometer langen Weg umrundet werden.

Insgesamt leben in der Naturlandschaft über 5000 Tier- und Pflanzenarten, darunter Fischotter, Wiedehopfe und Seeadler sowie einige unter Naturschutz stehende Sonnentauarten. Der Halbtrockenrasen der Heide ist wichtiger Lebensraum für Schmetterlinge wie Bläulinge und Feuerfalter und bietet auch Wildbienen Nahrung. Reste von Bunkergebäuden dienen gefährdeten Vogelarten als Brutplatz. Insgesamt ziehen sich 55 Kilometer Wanderwege durch das Naturschutzgebiet. Ein 13 Meter hoher Aussichtsturm am Finkenberg bietet einen großartigen Überblick über das Gelände. Sielmanns Naturlandschaft in der Döberitzer Heide kann von verschiedenen Zugängen, unter anderem von den Bahnstationen in Priort, Elstal und Dallgow-Döberitz, aus betreten werden.

Die Natur-Vielfalt auf dem früheren Militärgelände ist beeindruckend

Anhang

Die preußischen Könige

Friedrich I.
König in Preußen 1701–1713
Sohn des Großen Kurfürsten

Friedrich Wilhelm I.
König in Preußen 1713–1740
Sohn von Friedrich I.

Friedrich II., genannt der Große
König in Preußen 1740–1772, König von Preußen 1772–1786
Sohn von Friedrich Wilhelm I.

Friedrich Wilhelm II.
König von Preußen 1786–1797
Neffe von Friedrich II.

Friedrich Wilhelm III.
König von Preußen 1797–1840
Sohn von Friedrich Wilhelm II.

Friedrich Wilhelm IV.
König von Preußen 1840–1861
Sohn von Friedrich Wilhelm III.

Wilhelm I.
König von Preußen 1861–1888, erster deutscher Kaiser 1871–1888
Bruder von Friedrich Wilhelm IV.

Friedrich III.
König von Preußen 1888, deutscher Kaiser 1888
Sohn von Wilhelm I.

Wilhelm II.
König von Preußen, deutscher Kaiser 1888–1918
Sohn von Friedrich III.

Wichtige Adressen

Stadt-Info

Vorwahl Potsdam: 0331

Tourist Informationen der Potsdam Marketing und Service GmbH
Hauptbahnhof
Friedrich-Engels-Straße 99

Am Alten Markt
Humboldtstraße 1-2

Tel.: 0331 / 755 88 99
Mail: info@potsdamtourismus.de
www.potsdamtourismus.de/

Stiftung Preußische Schlösser und Gärten
Besucherzentrum an der Historischen Mühle
An der Orangerie 1
Di–So 9–16 Uhr
Tel.: 0331 / 96 94 200
Mail: info@spsg.de

Besucherzentrum am Neuen Palais im Park Sanssouci
Am Neuen Palais 3
Mo 9–18 Uhr
Mi–So 9–18 Uhr
Tel.: 0331 / 96 94 200
Mail: info@spsg.de

Gruppenservice
Telefon: 0331 / 96 94 222
Mail: gruppenservice@spsg.de

Online-Ticketshop
Mail: shop@spsg.de

Verkehr

Tages- und Nachtliniennetz
Der Tages- und Spätverkehr fährt in Potsdam in der Zeit von 5 Uhr bis 1 Uhr. Nachts sind die Buslinien N14, N15, N16 und N17 des Verkehrsbetriebs Potsdam für Sie unterwegs. Der Nachtverkehr beginnt in Potsdam um 1 Uhr. Wenn die Verkehrssituation es erlaubt, ist es sogar möglich, an einem Extrastopp zwischen den regulären Haltestellen auszusteigen. Sagen Sie dem Fahrer rechtzeitig Bescheid, wenn Sie diesen Service in Anspruch nehmen möchten.

Verkehrsbetrieb Potsdam (ViP)
Telefon: 0331 / 661 42 75
Mail: info@vip-potsdam.de

mobiagentur Potsdam
Bahnhofspassagen
Friedrich-Engels-Straße 99
Mo–Fr 7–19 Uhr
Sa 9–17 Uhr
So / Feiertag 9–15 Uhr
Tel.: 0331 / 661 42 75
Mail: info@vip-potsdam.de
www.swp-potsdam.de/de/verkehr/

Verkehrsverbund Berlin-Brandenburg (VBB)
Mo–Fr 8–20 Uhr
Sa / So 9–18 Uhr
Tel.: 030 / 25 41 41 41
Mail: info@VBB.de
www.vbb.de

Weisse Flotte Potsdam & Wassertaxi Potsdam
Telefon: 0331 / 275 92-10 (-20, -30)
Fahrplanansage: 0331 / 275 92 33
Mail: wf@schifffahrt-in-potsdam.de
www.schifffahrt-in-potsdam.de

Theater- und Konzerttickets

Konzert- und Theaterkasse in der Tourist Information der mobiagentur Potsdam
Bahnhofspassagen
Friedrich-Engels-Straße 99
Mo–Fr 9–18 Uhr
Sa 9–17 Uhr
Tel.: 0331 / 275 58 89 9
Mail: info@potsdamtourismus.de

Register

Sehenswürdigkeiten

Personen